從零開始期貨初學入門指南

100張圖學會
期貨交易

交易醫生聰明打敗投資風險

徐國華／著

目　錄

第四篇 上陣交易

第五篇 實戰技巧

第六篇 散戶改造60天

推薦序

國立臺灣師範大學管理學院 全球經營與策略研究所教授　何宗武博士

　　欣聞好友交易醫生徐國華出版新書《100張圖學會期貨交易》，這是一件很棒的事。我們時常聽到市場酸民說：「能賺錢的策略為何要分享？」可是，這樣的事不是一直都在我們身邊？不當律師的法學院教授，難道是考不上律師，才留在學校教未來的律師嗎？不開診所賺大錢的醫學系教授，難道是考不上醫師高考，才留在學校教未來的醫師嗎？作業系統 Linux 不也是開源軟體？開發者完全釋放，不收一毛錢。

　　簡單說，不是所有的人都會分享自己多年經驗。國華以他多年實戰交易經驗，寫下這本書，書中每每出現很關鍵的思考點，例如，他一再提及「讓我重新思考，什麼樣的交易才是最好的交易？」這是成功者的心法，交易者常常對自己叩問這個問題，腦中就會浮現一絲絲的訊號。學術研究者也會做這樣的事，時時問自己：「這個問題要麼辦？」佛門修行者也是，參禪的人提一個話頭，問自己：「念佛的人是誰？」

　　在瘋狂逐利的環境，樂見有人願意把自己的經驗，以教學相長的方式分享給大眾。國華除了實戰經驗豐富，也深入融合各種學術領域。這本書來得正是時候，全書77單元條理井然地分為六單元，處處是精華，可以讓有志於從事交易的朋友，帶著正確的觀念從事交易。很榮幸可以在此書付梓之際，為文推薦。一切，就從向交易醫生學起吧！

何宗武

2020-2-20

台指當沖高手、交易醫生的師父　林長佑

　　和「交易醫生」認識在 2008 年的一個程式交易群組裡，那年日震幅的行情超大，對於做手工當沖的人來講，正是「天下大亂，形勢大好」的一年。而群組裡我的好友風小呆因為在暗黑金融體系裡從業甚久，對我的操作風格知之甚詳，聽到 A 大剛踏入期貨界，想找人請益學習，於是就介紹了我們認識。也蒙 A 大不棄，把兩位公子也交給我教導課業，就這樣我成了 A 大口中的師父。其實 A 大的求知欲和上進心有目共睹，不斷進化中，現在我只能看著 A 大的車尾燈了。

　　在後來我們自己的小群組裡，我和 A 大不時分享一些我的手工看盤方法和工具，現在看來雖然很粗糙，但原理和方法仍是說得通的，畢竟那些工具我也用了很久，而且是在沒有程式即時畫圖軟體輔助下，很克難用 EXCEL 在盤中即時或盤後補上的，也許大家會問那教我的師父又是誰呢？我的答案是市場的各位！因為在我做當沖之前，我只是一名銀行的員工，因為進了期貨市場做出了一些績效，學了一些技術指標，便自以為可以下山大開殺戒了，沒想到辭了工作的一年多裡，我就搞到破產，進了暗黑金融體系，接下來我再用了二年半時間，在四十幾家的暗黑機構裡拿到畢業證書。這過程說來輕鬆，但都是不斷在市場裡用血淚換來經驗值，才重回到檯面上，這些經驗值都是市場上的各位把成交量和價格堆上去的。

　　A 大這幾年在當沖交易上著墨進化甚深，對於在市場曾跌倒或做得不如意的交易者，彷彿是一盞明燈，而我上面那段故事也代表著，當年沒有足夠本金做波段，只能做當沖交易，先求降低留倉風險，再慢慢步回交易的正軌，其實是可行的。雖然這幾年我當沖的比例不斷下降，但對於 A 大不斷分享自己的交易看法和開發交易工具，分享給比較弱勢的交易者，極感欽佩。而他擊劍任俠的個性，在群組裡更是頌聲載道。

　　想作為一名專職的期貨交易者，我的經驗是不要輕易嘗試，一旦你決定了這條路，就要取得比市場一般人更有效率的分析工具和方法，而 A 大正是一名可以幫你針砭期貨交易問題的良師。

最後我以古人一副對聯作為總結：錢有兩戈，傷盡古今人品；窮只一穴，埋沒多少英雄。期貨市場是零和，進市場別只想著賺錢，人性的貪婪和恐懼永遠不變，千萬不要以為學了功夫後，就可以隨便下山大開殺戒，賺了市場的錢，記得多種福田。

林長佑

臺北科技大學 資訊與財金管理系副教授
台灣量化交易協會理事長　吳牧恩博士

　　很高興國華大哥終於出書了，相信市場上眾多 A 粉期待已久。我認識國華大哥好幾年，對其遇到問題追根究柢的精神相當欽佩。身在學術界的我，也不時提醒自己與學生當秉持這樣的態度。記得 2019 年暑假舉辦第一屆量化交易研討會，邀請業界與學界專家共同分享，國華大哥從頭聽到尾，並且勤作筆記。對於已經是高手還能保有這種「求知若渴，虛心若愚」的態度，相當令人尊敬。

　　這幾年伴隨金融科技的發展，市場千變萬化，許多交易技巧與方法更是日新月異，若不能保持謙遜的態度，很快就會被市場教訓淘汰。因此我常鼓勵同學參加各種討論，尤其要多與業界人士接觸，將學校學習的各種理論運用於實務的金融市場。國華大哥近幾年致力於推廣期貨交易、程式交易、操作心法等議題，透過舉辦講座的方式，像個傳道者一樣全台巡迴分享，本書的問世，相信更有助於其理念傳播。

　　我一拿到初稿便興奮地快速看完，深覺這是本相當平易近人的書籍，不僅適合對期貨有興趣但尚未入門的朋友，也適合老手與高手反覆閱讀與細細品味。書裡沒有複雜的數學公式，卻有嚴謹的**邏輯推演**。最重要的是每個論點都是有所本的論述，不論是策略回測、**數據驗證**，更有許多是歷史資料統計後的觀察結果。作者結合多年來的交易心得，透過數據化、圖表化、邏輯化的方式呈現，並解釋背後的動機與原理。其中有許多重要的論點是需要在市場經歷一段時間，可能需要繳交相當多「學費」，才能有所體會的，但在本書裡卻都無私公開。

　　本人最近也在寫書，深知一本好書的出版相當不容易，尤其對一個交易員來說，做事不容許有半點瑕疵，好的交易員是相當龜毛的，差一點位的買賣都是錙銖必較。若用此精神在書籍的寫作，我相信其產品必為佳作。對於非專業的作家來說，寫書需要有很強的意志力，恭喜國華大哥做到了。而願意公開自己多年的交易心得，更是難能可貴。在這個功利主義暢行，凡事都以利益為出發點的社會，寫書出版就是為了幫助云云眾生脫離苦（股）海。

我的研究工作跟量化交易息息相關，有感於推廣量化交易於普羅大眾並不容易，於是成立台灣量化交易協會，宗旨在推廣量化交易知識，藉由舉辦研討會、交易沙龍、文物書籍出版等方式進行。我們很期待交易醫生這本書的出版能成為一個典範，沒有怪力亂神，一切數據說話。這本書雖以期貨為主，我更期待未來有機會國華大哥能出一本關於股票交易的書籍。不論是方法、心法、操作訓練、主觀交易、量化交易，我相信他還有相當多的寶藏，等待我們去發掘。

　　最後，祝大家操作順利、健康快樂。

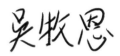

程式交易高手《Multicharts快易通》作者　陳立偉

今年是2020年，我認識本書作者超過10年，這段期間我們也曾互相學習，我的專長是程式交易及工具的開發，而作者的專長是當沖交易及長線投資。能夠在市場上以實單交易10年以上，沒有被市場強迫畢業的交易員，而且依靠交易的獲利維生者，我都是很佩服的。這些人在交易上，必然都有他們的獨特專長。在各類的交易模型之中，當沖型的交易其實是難度最高的，如果控制得宜，它也是獲利最高的方法，可是一旦控制不佳，卻也是爆倉最快的交易模式。所以，除了交易技術，資金控管與心理素質也是十分重要的。

但是市場上有許多老師是屬於「開課派」或「理論派」，本書作者是我認識難得的「實戰派」。一路上看著很多當年的戰友紛紛退場、轉業，我真心覺得，能夠做到專職交易，並以之維生，是一件很不容易的事（依靠交易周邊產業維生者例外）。

交易是一個龐大的產業鏈，它衍生了許多的周邊行業（包含暗黑產業鏈），身為一個合格的交易員，要學的東西真的很多，不是單純的買與賣而已，還要學會分辨真實與虛假、控制人性、規避風險等。有許多是需要自己去統計、驗證的，所以我們常會說，交易的人生分成很多階段，見山是山、見山不是山、見山真是山等（請上網搜尋「達克效應」）。很多在入門階段已學習到的技術，過了幾年再回頭來看，會有更加深刻的發現或感觸。

本書適合當沖交易面向的交易者，交易有很多種屬性，先了解自己想要的是什麼，再做針對性的學習，才是有效率的作法。當然多方面學習與涉略，也是知己知彼的一部分，畢竟，我賠的錢，可能就是你賺的，不知道你的對手是如何贏錢的，我們怎麼擬定對策呢？

在本書裡，會看到很多作者做的分析與統計成果，其實我也一樣，程式交易者都會去驗證市場上不同老師、不同書籍的交易方法，才能確認哪些方法有效，哪些方法無效。所以，學交易學到最後，還是需要一些工具來做統計與驗證，有些人會用Excel，有些人會選用 Multicharts，如果程式能力更強的人，可能會選

用 Python 或 C#等工具，一般來說最容易入門的工具就是 Excel 及 Multicharts。

　　交易醫生是我認識的交易人中，少數結合了上述工具的應用去分析歷史資料，結合主觀的判斷並不時修正，加上對市場人性的探究，數十年的交易功力，集結成這本好書，相信這是本值得一讀再讀的工具用書，誠心推薦。

自由人 FREEMAN　李堯勳

交易需要熱情，教學也需要熱情，自由人在期貨市場當沖近20年，深信台指市場是一個人性的試煉場，也像一個照妖鏡，所有的交易者到最後都會現出原形。現今的交易市場中，不管是出書的與開課的，充斥說著天花亂墜的交易經，但大多數在交易上沒有多大績效，甚至很少交易，而且漫天開價。投資人每天被市場折磨賠錢、繳稅給政府、手續費給期貨商，最後還要被上課的老師再剝一層皮！

經濟學有個理論叫做劣幣驅逐良幣（Bad money drives out good），正好說明期貨的教學市場，當教學市場充斥「冥師」時，有實力的交易者越是不願意站出來，深怕被貼上標籤。自由人很佩服交易醫生願意將自己的交易經驗，集結成冊造福大眾。

站出來需要勇氣，有能力的人更需要站出來，告訴大家什麼是交易的本質。交易的本質是人性，但透過有系統的訓練，晉升成功的交易者並不是難事，自由人在期貨教學上6年，也訓練出許多很優秀的交易者，他們在交易上的成就遠遠超過自由人。人終歸塵土，年紀越大，對交易也會慢慢失去熱情，交易醫生又年長我數歲，想必也有同感，也想在交易世界中留下自己曾走過的痕跡。近年我常在思考人為何來人世間，來了又該做些什麼？而交易的本質究竟又是什麼？是獲利後的快感，又或是享受在當下的數字跳動中，抑或是你只是想來賠錢折磨自己？

作者透過大量的統計數據，結合對國際情勢的觀察、盤前的規劃與盤面現象，提供自己的交易策略，讓讀者從不同面向來觀察台指市場，邏輯簡單清楚，與自由人的理念不謀而合。真心推薦這本書，寄望讀者可以從中汲取寶貴的交易知識。最後一段話送給作者與讀者：

交易從數理的基礎中發芽，
才能綻放出成功的花朵，
形成哲學式的生活！

自由人 Freeman
李堯勳

2020年2月8日

作者序

「沒有最好的交易，只有最適合自己交易。」1988年意外闖進台北股市，兩個月績效100％，人生第一個百萬存款解鎖。之後碰到台北股市大地震，財政部部長郭婉容在中秋前夕，宣布從1989年元月份起課徵證所稅，只要交易所得達到300萬元，就必須課稅。

中秋節假期結束後股市開盤，一開盤所有股票跌停，連續三個交易日無量跌停，之後雖然有投資人進場，但是市場賣壓無法宣洩，最終連續跌停了19天。之後郭婉容下台，課徵證所稅計畫無疾而終。而我也進入部隊服役，百萬富翁在短短一個月內就變成窮光蛋，當時只有一個想法，我總有一天要回到市場來。

千禧年我成立了自己的公司，也開始了股市復仇大業，但是台北股市再度碰上10年一度的大回檔，指數又從萬點跌破5000大關，難道台北股市真的和我八字不合嗎？不過蹲得越低，跳得越高，2004年開始一波4000點的行情，確實讓人振奮，當時筆者操作以股票為主，從基本面選股加上籌碼的協助，波段交易確實讓我在台北股市扳回一城。但是2008年台北股市再次挑戰萬點失利後，一年的時間內股市腰斬，長期投資的策略又一次被市場擊敗。讓我重新思考，什麼樣的交易才是最好的交易。

2009年一個機緣，聽到國立高雄應用科技大學教授姜林杰祐分享，開始接觸程式交易，也試著去了解期貨這個商品。以往的印象中，期貨就是高風險的商品，真正了解之後，才知道高風險來自於高槓桿，如果能安全的使用槓桿，就像古希臘數學家阿基米德所說：「給我一根槓桿和一個支點，我就能舉起地球。」當然，這是一個笑話，但是這一次，真的讓我找到了一盞股市明燈。接下來的半年，我瘋狂學習TradeStation交易軟體，用程式交易來驗證20年的交易經驗，總算找到適合我的交易之路——台指期的當沖交易。

台北股市有一句話：「千線萬線比不上一條電話線。」在進入台指期的交易前，我一天大約要花3個小時做功課，去尋找隔天可以交易的個股，偶爾還是會踩到地雷。但是台指期貨就沒有這個問題，畢竟市場上幾乎沒有單一主力可以操縱這個市場。

經過大約一年的摸索，加上一些好朋友的指導，有我的期貨專屬家教林東東、台灣Multicharts程式交易操盤軟體之神陳立偉，我很快在台指期貨站穩腳步。2012年開始，陸續在網路上分享一些自己的交易經驗，很多人會說，能賺錢的策略為何要分享？答案很簡單，因為沒有人可以賺光全市場的錢。慢慢的也有一些人找我學習，我原本想得很簡單，把自己會的東西全部教授給學生就好了。結果並非如此，有些學生掉入迷霧中，沒有辦法複製我的成功模式。後來我才體認到，「交易是無法透過學習而找到成功之道的」。

每一位交易者都有不同的成長背景，有不同的學習經驗，甚至不同的心理素質以及人格特質，要大家用同一個方法交易，除非是用機械人（程式交易）代勞，不然無法打造出同樣的交易人。於是我修正了方向，用不同的方式，導引他們看到自己的缺點，交易到最後的原則就是減少犯錯、強化優勢，才能找到「適合自己的交易」。

過去幾年總有朋友問，幾時出一本交易書來普渡眾生，我的答案都是2020年2月30日。沒想到2019年一次回答這問題的時候，說成了2月29日，而當天剛好有一位學生馬上就回覆我：「謝謝老師！」我這才發現一時說錯了。似乎老天安排好了一切，嘉實資訊黃詔鉛經理知道這事情後，幫忙聯繫財經傳訊，才有這個作品的產生。從起心動念，到談定出版，僅僅兩週，也算是奇蹟。最後也要謝謝本書的專業校稿，老朋友都知道，我的文章沒有錯別字，可能就是別人代筆的，此書由內人出馬校對，出版社都稱讚說，連標點符號都不用檢查。

進入市場交易32年，台指期貨當沖交易也天天殺進殺出10個年頭，有幸寫一本書分享我的交易心得。此書，我希望入門者能夠看得懂，交易老手也能透過書中的說明找到新的交易策略。最後，還是希望各位讀者能夠找到「最適合你的交易」。

如果閱讀完本書有任何問題，歡迎來到我的討論區，一起來了解我的A+交易哲學。

徐國華

 臉書交易醫生粉絲專頁

https://www.facebook.com/iamacer2266/

 臉書交易醫生社團

https://www.facebook.com/groups/428684054341385/

 YouTube交易醫生頻道

https://www.youtube.com/channel/UCS3iEnyOQ77A59uHly_gWgQ

第一篇

期貨概述

Chapter 01 什麼是期貨

　　什麼是期貨？我覺得最傳神的解釋就是直接看它的英文「Futures」，Future 是未來，加了一個s，就是一個未來會履行的合約。關於期貨的緣起，市場有很多說法，有人說起源於日本的江戶幕府時代，有人認為是荷蘭的鬱金香狂熱，大約都是西元1600年的事情。不過這兩者有一個共通點，都是農產品的交易市場。

　　因為農產品的生產有季節因素，加上需求的變化，為了規避市場價格的波動，買賣雙方透過事先簽訂契約，約定好數量和日期進行交易，雙方的買賣建立在「契約」之上，所以期貨交易是針對「合約」的買賣，絕少將貨品運來運去。

　　基於上面的說明，期貨這個商品的功能，最初就是因為規避風險而產生的，買家（消費者）擔心天災人禍造成農作欠收，而買不到農作物，預先買進合約，到期的時候賣方必須按約提供商品；賣家（生產者）也害怕生產過剩造成沒人要買，預先賣出合約，到期的時候有買家可以承攬商品。雙方都有其避險的需求。

▋源自避險概念，後衍生投機功能

　　其間有些交易者，他不是消費者也不是生產商，但他觀察到市場的一些資訊，而預期市場的價格會有變化，而進場去買賣這些「合約」，間接創造了期貨的第二個功能「投機」。

　　隨著經濟活動的發展，這樣的合約不再局限在農作物，礦物的合約跟著應運而生，像是石油、燃煤等能源期貨，還有金屬類的黃金、白銀、銅等，最後和金融相關的期貨商品也相繼出現。本書所討論的主題「台指期貨」就屬於最後一類。

　　讀者可能好奇，既然期貨最早源自避險，那台指期貨是避什麼風險呢？後面我會解釋台指期貨的發展過程。這邊也說明一個概念，期貨只有約定一個合約到期日買進或賣出商品，並沒有約定到期的價格，坊間有些書籍寫著約定時間、價格，那已經是期貨之外的衍生性商品「選擇權」的概念。

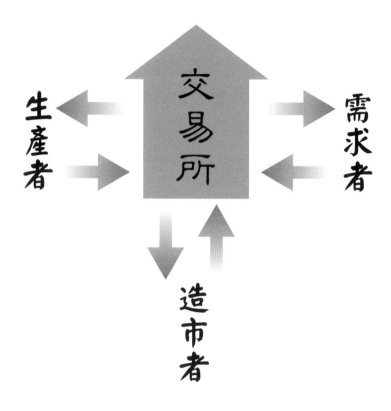

圖 1-1 期貨是避險的金融工具

Chapter 02 台灣期貨發展過程

我國期貨市場發展可概分為四個過程，先開放國人至國外期貨交易所從事交易，以累積經驗及培訓人才，接著再開放國人從事國內期貨交易，概述如下：

一、大宗物資國外期貨交易管理辦法：1971年財政部訂定《大宗物資國外期貨交易管理辦法》，專為國內特定大宗物資業者之移轉價格風險需求，提供從事交易之法據，將期貨交易人資格限定於生產事業，並明定中央信託局、中華貿易公司及台灣省物資局為期貨交易代辦單位，並委託美商美林公司透過巴拿馬商來華投資之台灣美林有限公司為經紀商，主要交易內容為國外的玉米、黃豆、大麥、小麥及棉花5種商品期貨。

二、重要物資國外期貨交易管理辦法：1980年將《大宗物資國外期貨交易管理辦法》更名為《重要物資國外期貨交易管理辦法》。因所允許交易金屬農產品期貨，得委託交易者限於經濟部管轄之大宗物資進口商，故主管機關由財政部改為經濟部。但由於游資充沛、投資管道不足、期貨交易的特質對投機者富有吸引力、缺乏有效的法律制裁力量、放寬外匯管制及金融資訊網路的發達，使得地下期貨氾濫，因違法期貨交易由經濟問題衍生社會問題，政府一方面決定制定法律規範，另一方面加強取締工作，違法期貨商於1990年達到最高峰。

三、國外期貨交易法：我國資本市場歷經多年來穩健發展後，自1989年起開始進行期貨交易制度之研究，1990年2月經濟部完成《國外期貨交易法》草案，1992年7月10日公布，且將期貨的主管機關由經濟部改為財政部證券管理委員會。自1993年1月施行，1994年4月國內第一家期貨商——大華期貨開始營業，至1997年底期貨商有22家，絕大部分是由綜合證券商或銀行轉投資，而外國期貨商有8家來台設立分公司，皆為美、日、新加坡等期貨交易所結算會員。但是此階段只允許買賣在國外期貨交易所交易的期貨，由於時差的限制及對產品的不熟悉等因素，除新加坡交易所的摩根台指期貨外，交易量並不大，期貨商經營相當困難。

四、期貨交易法：政府為提升我國金融市場之國際地位，主管機關及各界積極推動國內期貨市場之建立，台灣期貨交易所籌備處於1996年12月正式成立，1997年3月26日《期貨交易法》公布，同年6月1日正式施行，《國外期貨交易法》停止適用，另為因應業務需要，於1997年4月主管機關名稱改為財政部證券暨期貨管理委員會。在相關法源皆具完備及各界共同努力下，期交所於1997年9月完成公司設立，1998年7月21日正式開業，並推出第一項期貨商品－台股期貨，開啟了我國本土期貨交易的歷史。

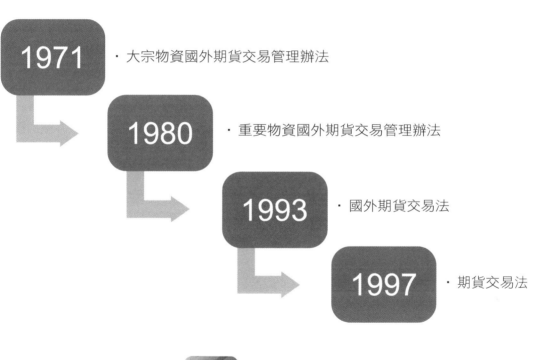

1971 ・大宗物資國外期貨交易管理辦法

1980 ・重要物資國外期貨交易管理辦法

1993 ・國外期貨交易法

1997 ・期貨交易法

圖 2-1　話說期貨發展史

Chapter 03 台指期貨運作方式

　　期貨是為了避險而生，台指不是農產品，跟避險有什麼關係呢？台灣股票市場從1962年（民國51年）證交所正式開業，1966年編製了發行量加權股價指數（簡稱加權指數）。

　　台灣加權指數從1966年開始編製，當時的基期指數為100，到了1986年10月17日，首次站上1000點關卡；1989年6月19日，首度站上萬點關卡，當時也大概是筆者投入股市的初期。1990年2月12日，台灣加權指數創下12682.41歷史最高紀錄後，隨即出現長達8個月的大崩盤。1990年10月12日，指數來到2485.25點，波段跌幅達到10197點。

　　當年台灣並沒有發行期貨商品，1997年7月，台灣第二度站上萬點，政府適時導入台指期貨，提供了股市投資人避險管道。當你手上持有股票，你就像是農夫（生產商），一旦股價下跌，加權指數就會下跌，你手上的資產就受到減損，因此當你賣出期貨合約，就可以因為指數下跌而獲利，抵銷股價下跌的損失。

▌滿足看好台股的「投機」買方

　　由於期貨是合約制，有人要賣，必須要有買方（消費者）才能成交，誰是消費者呢？股票市場針對單一股票進行投資，有一些交易人並不想交易個別股票，但是又看好台灣股市，這些交易人就變成期貨的買方，也滿足了這些人「投機」的需求。為何是投機不是投資？投資主要是看好公司的發展，著眼於公司經營績效的收益，並非是股價漲跌；而投機則是在股票的漲跌中尋找獲利機會。

　　台指期貨的買賣雙方產生後，實務上怎麼運作呢？由於期貨交易是未來的合約，所以必須有一個交易所來安排這樣的交易，買賣雙方都必須為這個「合約」提供「保證金」；因為台指期合約交易的是指數，並不像一些農產或礦物合約還有實物交割的形式，雙方只能約定買（看漲股市）或賣（看跌股市）來進行交易。有合

臺灣期貨交易所股份有限公司
「臺灣證券交易所股價指數期貨契約」規格

項目	內容
交易標的	臺灣證券交易所發行量加權股價指數
中文簡稱	臺股期貨
英文代碼	TX
交易時間	• 本契約交易日同臺灣證券交易所交易日 • 一般交易時段之交易時間為營業日上午8:45～下午1:45；到期月份契約最後交易日之交易時間為上午8:45～下午1:30 • 盤後交易時段之交易時間為營業日下午3:00～次日上午5:00；到期月份契約最後交易日無盤後交易時段
契約價值	臺股期貨指數乘上新臺幣200元
契約到期交割月份	• 自交易當月起連續三個月份，另加上三月、六月、九月、十二月中三個接續的季月契約在市場交易 • 新交割月份契約於到期月份契約最後交易日之次一營業日一般交易時段起開始交易
每日結算價	每日結算價原則上採當日一般交易時段收盤前1分鐘內所有交易之成交量加權平均價，若無成交價時，則依本公司「臺灣證券交易所股價指數期貨契約交易規則」訂定之
漲跌幅限制	各交易時段最大漲跌幅限制為前一一般交易時段每日結算價上下百分之十
最小升降單位	指數1點（相當於新臺幣200元）
最後交易日	各契約的最後交易日為各該契約交割月份第三個星期三
最後結算日	最後結算日同最後交易日
最後結算價	以最後結算日臺灣證券交易所當日交易時間收盤前三十分鐘內所提供標的指數之簡單算術平均價訂之。其計算方式，由本公司另訂之
交割方式	以現金交割，交易人於最後結算日依最後結算價之差額，以淨額進行現金之交付或收受
部位限制	• 交易人於任何時間持有本契約同一方之未沖銷部位總和，不得逾本公司公告之限制標準 • 法人機構基於避險需求得向本公司申請放寬部位限制 • 綜合帳戶，除免主動揭露個別交易人者適用法人部位限制外，持有部位不受本公司公告之部位限制
保證金	• 期貨商向交易人收取之交易保證金及保證金追繳標準，不得低於本公司公告之原始保證金及維持保證金水準 • 本公司公告之原始保證金及維持保證金，以本公司結算保證金收取方式及標準計算之結算保證金為基準，按本公司訂定之成數計算之

資料來源 https://www.taifex.com.tw/cht/2/tX

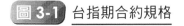 台指期合約規格

約就有規格，我們就來介紹「台股期貨」幾個合約規格重點。

1. 契約單位：口。

2. 契約價值：用台股期貨指數乘上新台幣200元。

3. 契約到期日：各契約最後交易日（第三個星期三）。

4. 交割方式：以現金交割，交易人於最後結算日依最後結算價之差額，以淨額進行現金之交付或收受。

5. 保證金：買賣雙方都得在交易時提供保證金作為履行合約的擔保。

圖3-1為期交所詳列合約規格內容。

期貨交易與股票交易不同，期貨買賣採用保證金交易的制度，即以投資人的保證金做擔保，只要付出合約部分的金額即可交易。買賣雙方在交易時間內，透過期交所核准的期貨商下單交易，期貨商要負責向交易人收取保證金，收取標準按照台灣期貨公司規定辦理，保證金不論是買方或賣方都是相同標準。

舉例來說，甲乙兩方在台指期 11,000 點時交易一口台指期的合約（期貨市場的合約是以「口」為計算單位），甲方為買方，當價格上漲他就獲利；相對的乙方是賣方，當價格上漲的時候，他就變成虧損。由於台指期的合約是1點加權指數契約價值200元，以圖3-2為例，當指數由11,000點上漲到11,050點，甲方即為獲利50 × 200 = 10,000元整（手續費和稅金另計）。

▌高度槓桿的「負和遊戲」

台指期的契約價值是1點加權指數200元整，以這個例子來看，甲乙雙方要準備11,000 × 200 = 2,200,000才能交易嗎？並不是，交易一口台指期的合約並不需要真的掏出 220 萬元，而只需要先繳交保證金 9 萬 1 千元（此保證金會隨指數高低調整，稱為原始保證金），槓桿的倍數即是 220 萬除以 9 萬 1 千，大約 24 倍。隨著指數的波動，手持合約的投資人必須將保證金維持在一定的額度之上，否則便需要補繳保證金，這個額度便被稱為「維持保證金」。

甲乙雙方在合約可交易時間內都可以直接進行買賣，並不需要和對方再度進行交易，由期交所安排和新的交易對手進行買賣即可。直到該契約到期日當天最後交易時間結束，期交所會按照結算價格向當時還擁有契約的所有交易人買賣方進行現金交割的計算。

　　由於甲乙雙方進出場都要繳交手續費和期貨交易稅（契約金額的0.002%），所以就算甲乙雙方買進賣出都在同一點位，扣除手續費和稅金，兩個交易人都是輸錢的，因此期貨交易實際上是「負和遊戲」，並非一般人的認知是「零和遊戲」。在進入期貨交易前，請有這樣的認知。

　　甲方買進 11000 賣出 11050，甲方獲利 11100 - 11050 = 50 （點）

　　乙方賣出 11000 買進 11050，乙方損失 11050 - 11100 = - 50 （點）

　　台指期合約每一點契約金額200元，甲方獲利50 × 200=10,000元，乙方等於損失10,000元。如果是小台指合約的交易，損益就是 50 × 50=2,500元。

	台指期貨	
乙買進一口	11050	甲賣出一口
	11049	
	·	
	·	
	·	
	·	
	11001	
甲買進1口	11000	乙賣出1口

圖 3-2

Chapter 04 台灣期貨發展里程

在台灣期貨交易公司掛牌前，新加坡交易所（簡稱新交所，SGX）在1997年先上市了以台灣上市公司為追蹤標的的期貨合約「MSCI Taiwan Index Futures」，合約以美元計價，摩台指數[註]共包含台股88檔成分股，2019年的資訊統計日成交量和未平倉量大約是25億／64億美元。

台灣期交所在1997年掛牌後，1998年推出台股指數期貨，隔年再推出電子期／金融期商品。2001年配合市場需求推出小型台股指數期貨合約，合約規格只有台股指數的1／4（契約每一點50元），及台指選擇權。前述商品目前都是5個不同長度到期的商品合約（3個連續月加上3個季度合約），台指選擇權是歐式選擇權，雙方需持有至到期日才可以履約。

▋快速揭露、降稅，吸引眾多投資者

2006年之後，交易市場有幾個重要改變，包含「揭露速度的改變」和「降稅」。前者影響市場資訊的傳遞，期貨交易不再是每5秒一次競價撮合，而是變成了1秒中提供4個報價／成交資訊。自此，用手抄寫成交資訊的時代已成過去式，交易進入一個武器裝備的競賽，法人及專業投資者靠著先進設備贏得速度，也就多了一分主宰市場的能力。2008年降稅，吸引了更多的交易人開始接觸市場，進而加入期貨交易世界，我也是在2008年底後開始接觸期貨這項商品。

2012年11月21日，台灣期交所新商品上市，以一週到期的選擇權上市，這對市場造成相當大程度的影響，行情在一週內的波動性放大，但是長期的走勢也被打得支離破碎。最明顯的差異，透過程式交易做回測，在2013年前後，一些策略績效都出現大小不一的影響。所以建議有做交易策略開發的朋友，要特別注意這個時間點。

註：2020年七月分，由於摩台期貨從新加坡交易所下市，改至香港交易所掛牌。新加坡交易所則重新推出富台期貨，本書後面所敘述的摩台指數，請自行替換觀念為富台指數。

1997 • CME SGX	1997/09 • 台灣期貨交易公司	1998 • 台指期1999 電子期/金融期 2001 小台/選擇權
2006/03 • 揭露速度 五秒>>三秒 • 2008/01 揭露速度 三秒>>一秒	2008/10 • 降稅	2009/08 • 揭露速度一秒一個>>一秒四個
2012/11 • 周選擇權推出	2014/05 • 盤前撮合揭露	2015 • 漲跌停範圍擴大
2017 • 台指夜盤	2018 • 動態價格穩定	2019 • 動態價格穩定(選擇權)

 圖 4-1 台灣期貨業務、重要制度改革時間表

Chapter 05 期貨相關規定

100 Pictures

2014年5月，市場又面臨一次大改變，期交所在每天開盤前，從上午8點30分開始提供15分鐘的模擬撮合報價。在此之前，有一批高手每天運用國際行情推估台指期貨合理開盤區間，在開盤後的5分鐘就賺取一段獲利。在這個改變之後，又一個潘朵拉的盒子被打開，當然讓這些贏家少了一些優勢。

不過贏家總是走在前面，2015年前中，我配合證交所於開收盤時段揭露模擬撮合後之成交價、量及最佳5檔買賣價格與數量，打造了工具來追蹤台股大盤開盤的開盤區，這就是目前市場上領先指標工具的第一個版本。這個工具後來被一位學生未經許可使用，在市場販售「領先指標」，還請大家認明正身，支持原創。https://www.itrading.tw/product/category/6

2015年對我是一個重大影響年，配合台股漲跌幅度自104年6月1日起由7%放寬至10%，期貨市場股價指數類及股票類（含國內成分股ETF）期貨及選擇權亦同步實施。當年的8月24日，我在當天交易因為錯估跌停板的價格，造成2500萬的損失，把當年1月到8月的獲利，在一個鐘頭內賠光，僅僅3%的差異，卻是一場2500萬的梭哈。2017年我全台巡迴講了27場分享會，就是分享這個案例。

▌盤後交易上路，做決策更即時

2017年5月15日，台灣期交所商品盤後交易上路（歐交所有發行過一日期台指期貨合約，不過反應不佳下市），自此台指期貨交易時間，自上午08:45開盤到13:45收盤，電子盤交易時間從下午3：00到次日凌晨5：00，一整天共有19個小時可以交易，讓我們可以對重大事件即時反應，例如大選、重要公投或是美股大漲大跌，投資人也可以跟著做出多空的決策。原來的波段交易隔夜倉風險被大幅降低，保障金的控管方式當然也隨之改變。

2018年幾次市場的閃崩，因應錯單、胖手指及委託簿流動性失衡等事件，近

年來香港、韓國、日本等交易所均推出價格穩定機制。台灣期交所也推出動態價格穩定機制，對交易者多了些保障，但是對市場又是一次大影響。

這邊來說明一下，台股大盤指數是如何計算出來的，是由971檔上市股票組合計算，每天的權重都會修正，詳細資訊可至期交所查詢，網址 https://www.taifex.com.tw/cht/9/futuresQADetail。不過自2018年12月開始，僅每月底更新一次，需要每日內容，必須向台灣指數公司購買。

以圖5-1為例，台積電當天台股市場權重為19.88%，台積電前日收盤300元，今天早上撮合價格297元，計算如下：

台積電漲跌 （297-300） / 300 = 1%

影響當日點數 = 昨日大盤收盤價 × 台積電當天權重 × 台積電漲跌百分比

10800 × 19.88% × -1% = - 21.65 （點）

我們運算了所有股票後，可以得到大盤模擬撮合點數共下跌62.35點。

當時大盤點數為 10888 − 62.35 = 10825.65，期貨的撮合則是10784點。價差（期貨減掉現貨）為 10784-10825.65，四捨五入計算為 -42點。

大盤昨收	股號	股名	影響點數	內外盤
10888	2330	台積電	-21.65	1
撮合點數	2317	鴻海	-5.21	-1
-62.35	6505	台塑化	-3.19	-1
期貨限價	2412	中華電	-1.30	1
10784	2882	國泰金	-.2.10	-1
價差	1301	台塑	-1.07	-1
42	1303	南亞	-0.80	1

圖 5-1 個股影響點數計算

Chapter 06 撮合方式

依交易撮合頻率的不同，撮合機制可以分為兩類，「連續交易」與「集合競價」。在集合競價市場中，買賣委託單會先累積，在規定的時間根據競價規則決定交易成交價格（如台指期在開盤前08:30~08:45接受買賣雙方委託，但是統一在08:45一筆成交）。在連續交易市場中，只要買賣雙方價格相同，就立即成交，其餘沒有成交的買賣委託單，則會在委託簿中累積，並依撮合原則執行下一筆相符之買賣委託。

我國期貨交易所現行撮合方式，歷經多次改革，從1998年7月21日成立到2002年7月28日，採用集合競價制度，並逐次調整每次集合競價的時間；自2002年7月29日開始在盤中交易時段（08:45~13:40）採用連續競價制度。現今台指期的撮合方式為2007年10月8日起，除盤前撮合仍維持集合競價方式外，全部改為逐筆撮合。期間沿革整理如圖6-1。

▌成交訊息爆量，快到來不及反應

交易制度雖然是逐筆撮合，不過由於資訊發布頻率受限制，這中間還是有差異，分為「市場資料」（委託簿或稱委買委賣明細）和「成交回報資訊」（成交明細），由於資訊發布頻率不同步，目前規定如下：

市場資料揭示：期交所於盤中傳送各商品之委託簿揭示訊息。每次訊息間隔約1／8秒，只對商品之最佳5檔價格以及數量「有異動的資訊」做揭露。

成交回報資訊揭示：時間同樣是1／8秒，揭示一次；但是揭露的內容是「所有成交價量訊息」。目前交易系統效能為每秒處理容量為每秒四萬八千筆以上，這樣的速度已經超過人眼可以觀察到的變化，早期光看台指期成交明細來作為進出場判斷的交易策略，已經無法使用。

日期	開盤		盤中		收盤	
	時間	撮合方式	時間	撮合方式	時間	撮合方式
1998／7／21	09:00	集合競價	09:00~ 12:10	集合競價 （每30秒）	12:10~ 12:15	集合競價
1998／12／4	09:00	集合競價	09:00~ 12:10	集合競價 （每20秒）	12:10~ 12:15	集合競價
1999／12／6	09:00	集合競價	09:00~ 12:10	集合競價 （每10秒）	12:10~ 12:15	集合競價
2001／1／2	08:45	集合競價	08:45~ 13:40	集合競價 （每10秒）	13:40~ 13:45	集合競價
2002／7／29	08:45	集合競價	08:45~ 13:40	逐筆撮合	13:40~ 13:45	集合競價
2007／10／8	08:45	集合競價	08:45~ 13:45	逐筆撮合		

圖 6-1 不同撮合方式的比較

集合競價		逐筆交易
累積一段時間委託後 開始進行撮合	撮合方式	買賣委託隨到隨撮， 可立即成交
滿足最大成交量之委託價	價格形成	視已下單對手價依序成交
單一成交價	價格	一筆委託單可能有多個成交價
慢	資訊揭示速度	快
較不透明	資訊透明度	較透明

圖 6-2 集合競價與逐筆交易比較

Chapter 07 結算制度

　　期交所於最後結算日時，以各到期契約之最後結算價對各到期契約之未沖銷部位進行到期結算交割作業，並計算到期損益，因此，最後結算價是否合理，影響交易人權益甚鉅。期交所為保障期貨交易人權益，會不定期檢討最後結算價之決定方式，使其符合公平、合理及代表性。

　　自1998年7月21起，台股期貨每個月最後結算價格計算方式，是證交所採最後結算日當天，現貨第一筆揭示之指數訂之。當時台灣證券交易所每5分鐘揭示一次發行量加權股價指數，故當時是以上午9:05之台灣證券交易所發行量加權股價指數，作為期交所台股期貨之最後結算價。

　　其後，因台灣證券交易所將其發行量加權股價指數之揭示時間，由每5分鐘改每1分鐘揭示一次，故自1999年2月18日起，以台灣證券交易所揭示上午9:01之發行量加權股價指數，作為期交所台股期貨之最後結算價。

▌交易制度不斷修正，減少舞弊

　　期交所參酌國外主要股價指數期貨契約相關做法，自1999年6月7日將台股期貨最後結算價修訂為「特別開盤報價」，其做法為：採最後結算日，由台灣證券交易所提供依發行量加權股價指數各成分股之當日開盤價計算之指數訂定，開盤價係採當日第一筆成交價。

　　為降低跨市場交易者利用期交所國內股價指數期貨最後結算價進行操縱之空間，自2001年11月22日起將國內股價指數期貨契約最後結算價之決定方式，由特別開盤報價改為以最後結算價開盤15分鐘內之加權平均價計算之。

　　爾後，為減少交易人隔夜風險、提升交易人資金運用效益，且讓最後結算價資訊透明易於驗證，自2008年11月21日起，台灣期貨交易公司將國內股價指數期貨契約最後結算價之決定方式，改為以最後結算日各標的指數當日交易時間收

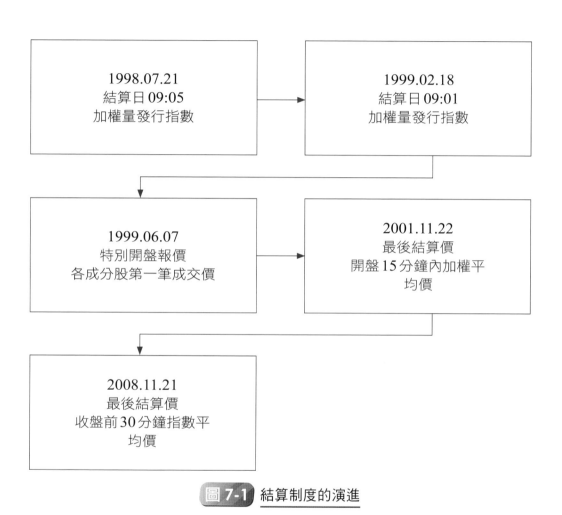

圖 7-1 結算制度的演進

盤前30分鐘之指數，採算術平均價方式計算之。

　　期交所為了保護投資人的權益，不斷修正交易制度。以台指期2019年12月合約為例，如果一位股票投資人，他採取的是長期放空期貨去做避險的交易行為，在2019／11／20早盤開盤「賣出」一口台指期貨價格為11529，一直到2019／12／18參加結算結算價格為12119，該合約將會有590點的損失，相當118,000元，這是避險交易者的「成本」。

2019年11月						
日	一	二	三	四	五	六
					1	2
3	4	5	6	7	8	9
10	11	12	13	14	15	16
17	18	19	20	21	22	23
24	25	26	27	28	29	30

2019年12月						
日	一	二	三	四	五	六
1	2	3	4	5	6	7
8	9	10	11	12	13	14
15	16	17	18	19	20	21
22	23	24	25	26	27	28
29	30	31	32	33	34	35

* 灰色為 12 月近月合約日期

2019年12月合約		
近月合約開倉	日期	開盤價
	2019/11/21	11529
合約結算日	日期	結算價
	2019/12/18	12119
損益		-590

資料來源：作者整理

圖 7-2 期貨有到期日，長期避險的成本

Chapter 08 大額交易人和三大法人資訊

期交所自2005年1月3日起公布大額交易人未沖銷部位結構，未沖銷部位就是未平倉部位，透過追蹤這個數據，可以推敲大額交易人對市場的判斷，並能計算出他們的大略成本區，這是當沖交易中相當有價值的數據。公布內容包含：各契約前五大、前十大買方及賣方大額交易人未沖銷部位合計數、所占比例，及其中特定法人持有部位合計數與比例。

為提升證券及期貨市場間資訊完整性、資訊透明度，提供自然人可利用資訊及縮小本國自然人與市場法人之資訊落差，台灣期貨交易公司自2008年4月7日起揭露期貨市場三大法人資訊（歷史資料回溯至2007年7月1日）。公布內容包含：自營商、投信基金及外資之買賣數量（及契約值）及未沖銷部位數量（及契約值），細部資料包括期貨、選擇權及各商品三大法人交易與未沖銷部位相關資訊。

▌大戶、法人進出，免費資訊上網就有

觀察大額交易人當日成交及未沖銷部位，可以得到這些法人的交易資訊，作為我們隔日進出場的參考。投資人只要願意花時間整理這些資訊，長期追蹤下來，一定能從中找到一些蛛絲馬跡，跟隨市場大額交易人和法人的動態，就能獲得穩定的報酬。

我習慣觀察市場上的動向，並看看是否有新的交易策略可以學習，在2018年參加過的幾場講座說明會中，不約而同地到有人分享上述資訊所生成的交易策略。即便講師只提供了一些粗糙的回測，但當看到損益曲線是左下右上的走勢時，學員們就興奮起來了。這樣的課程內容，即使一堂課要價八萬八，還是一堆人趕忙掏出信用卡付款。

但其實這些資訊期交所都有啊！而且取得一點都不困難，只需有Excel的基本操作能力就能做到，我也曾在網路上分享過多次，利用這個資訊所衍生而出來的交易策略。賺錢還是要靠自己的實力，不要只願意掏錢買別人準備好的鏟子，買到後如何使用？找什麼地方開挖？那個才是真本事。關於這些資訊，在後面的籌碼單元裡會有詳細的說明。

大額交易人未沖銷部位查詢 https://www.taifex.com.tw/cht/3/largeTraderFutQry

三大法人未沖銷部位查詢 https://www.taifex.com.tw/cht/3/futContractsDate

期貨大額交易人未沖銷部位

契約名稱	到期月份（週別）	買方 前五大交易人合計（特定法人合計） 部位數	百分比	買方 前十大交易人合計（特定法人合計） 部位數	百分比	賣方 前五大交易人合計（特定法人合計） 部位數	百分比	賣方 前十大交易人合計（特定法人合計） 部位數	百分比	全市場未沖銷部位數
臺股期貨（TX+MTX/4）	202002 W2	296 (0)	92.5% (0%)	309 (5)	96.6% (1.6%)	296 (4)	92.5% (1.2%)	300 (4)	93.8% (1.2%)	320
	2020 02	40,908 (40,908)	49.6% (49.6%)	50,192 (50,192)	60.9% (60.9%)	36,898 (36,898)	44.8% (44.8%)	44,890 (39,105)	54.5% (47.4%)	82,441
	所有契約	41,041 (41,041)	41.7% (41.7%)	56,735 (49,765)	57.7% (50.6%)	39,493 (35,169)	40.1% (35.8%)	49,378 (40,405)	50.2% (41.1%)	98,369

選擇權大額交易人未沖銷部位

約名稱	到期月份（週別）	買方 前五大交易人合計（特定法人合計） 部位數	百分比	買方 前十大交易人合計（特定法人合計） 部位數	百分比	賣方 前五大交易人合計（特定法人合計） 部位數	百分比	賣方 前十大交易人合計（特定法人合計） 部位數	百分比	全市場未沖銷部位數
臺指買權	202002 W2	32,114 (4,232)	23.8% (3.1%)	44,802 (6,281)	33.2% (4.7%)	40,688 (0)	30.1% (0%)	56,618 (0)	41.9% (0%)	135,038
	2020 02	56,981 (26,754)	34.2% (16.1%)	71,522 (35,739)	42.9% (21.5%)	50,568 (14,938)	30.4% (9%)	72,690 (23,275)	43.6% (14%)	166,571
	所有契約	115,550 (33,089)	30.4% (8.7%)	142,724 (49,638)	37.6% (13.1%)	110,693 (18,722)	29.2% (4.9%)	157,422 (26,873)	41.5% (7.1%)	379,732
臺指賣權	202002 W2	43,359 (0)	26.9% (0%)	60,080 (0)	37.3% (0%)	32,840 (0)	20.4% (0%)	46,153 (0)	28.6% (0%)	161,252
	2020 02	59,818 (40,447)	30.5% (20.7%)	80,177 (48,586)	40.9% (24.8%)	47,853 (31,157)	24.4% (15.9%)	67,452 (46,552)	34.4% (23.8%)	195,824
	所有契約	141,136 (81,313)	27.9% (16.1%)	210,257 (112,403)	41.6% (22.2%)	133,723 (66,337)	26.4% (13.1%)	173,034 (84,789)	34.2% (16.8%)	505,735

 圖 8-1 大額交易人未沖銷部位是重要參考資訊

盤前資訊揭露

為提高盤前資訊透明度並使委託種類更多樣化，自2014年5月12日起，台灣期貨交易公司推出「期貨市場盤前資訊揭露」。為有利交易人獲得更多盤前下單參考資訊，各契約除原揭露之總委買、總委賣之口數及筆數，於上午8時30分至8時45分開盤前，增加揭露模擬試撮之開盤價、量及試撮後之最佳5檔買賣價量資訊。

另為避免人為操縱模擬試撮資訊，同步實施開盤前2分鐘不得刪除或更改委託，僅得新增委託之規定。且為增加較早揭露資訊之參考價值，開盤前相同價格委託之撮合優先順序，由隨機方式調整為時間優先。

為提供投資人更即時之交易資訊，經參考國外主要交易所作業方式，開收盤資訊揭露及配套措施，實行方式如下述：

收盤前資訊揭露

適用標的：除處置證券[註1]或變更交易證券[註2]採分盤集合競價[註3]，因盤中撮合時間較5分鐘為長，不適用收盤前資訊揭露之措施外，其餘有價證券均適用收盤資訊揭露。

資訊揭露方式：自104年6月29日起，在13:25~13:30這5分鐘的撮合調整為揭露模擬成交價格（採用同盤中作業方式每五秒撮合成交價）、成交張數及最佳5檔申報買賣價格、申報買賣張數等資訊。

開盤前資訊揭露

適用標的：所有有價證券均適用開盤前資訊揭露，自8：30起第一次揭示，其後比照盤中集合競價撮合頻率揭露資訊；處置證券及變更交易證券採分盤集合競價者，按其盤中撮合頻率（如5分鐘、10分鐘、30分鐘）揭示。

資訊揭露方式：自104年6月29日起，開盤前30分鐘（8:30~9:00）接受委託期間，揭露模擬成交價格、成交張數及最佳5檔申報買賣價格、申報買賣張數等資訊。

08:30	· 揭露模擬成交價格（證券／期貨） · 期貨開始接受委託
08:45	· 揭露模擬成交價格（證券） · 期貨開始撮合交易
13:25	· 揭露模擬成交價格（證券） · 期貨持續撮合交易

圖 9-1　盤前資訊揭露要點

時間	08:30~08:45	08:45~09:00	13:25~13:30
股票	模擬成交價／成交量		模擬成交價／成交量
	開盤前撮合／接受委託		收盤前撮合／接受委託
期貨	模擬成交價／成交量	正常交易	正常交易
	開盤前撮合接受委託		

圖 9-2

註1：處置證券：股票連續三個營業日達到證交所列為「注意股票」者，每盤撮合時間會改以人工管制，時間為5分鐘或5分鐘以上。每天的處置股票資訊，可參考https://www.twse.com.tw/zh/page/announcement/punish.html

註2：變更交易證券：依據台灣證券交易所股份有限公司營業細則第49-1條規定，有以下情事者，股票得變更交易方法。可參考https://www.twse.com.tw/zh/violation/change

註3：分盤集合競價：分盤集合競價交易方式（簡稱「分盤交易」），則有別於一般交易每15秒撮合1次的方式，而約每30分鐘撮合1次。

Chapter 10 台指期盤後交易制度

　　為提供期貨市場參與者更完善的交易及避險管道，台灣期貨交易公司參酌主要國際市場做法，自2017年5月15日起，國內期貨市場在一般交易時段結束後，進行盤後交易，並透過制度設計，降低對參與盤後交易人的生活作息影響，以提供交易人更便利之盤後交易平台，將我國期貨市場股價指數類商品之交易時間從現行5小時延長至19小時，匯率類商品之交易時間則從現行7.5小時延長至19小時。

▍交易時間：不同時段收盤商品於不同時間開盤

（1）國內股價指數類商品及國外股價指數類商品（13:45收盤）：14:50收單、15:00開盤（收單10分鐘、盤前2分鐘不得刪除或修改委託，僅得新增），交易至次日05:00。

（2）匯率類及黃金類商品（16:15收盤）：17:15收單、17:25開盤（收單10分鐘、盤前2分鐘不得刪除或修改委託，僅得新增），交易至次日05:00。

（3）布蘭特原油期貨（13:45收盤）：14:50收單、15:00開盤（收單10分鐘、盤前2分鐘不得刪除或修改委託，僅得新增），交易至次日05:00；到期月分契約僅交易至02:30或03:30（詳契約規格）。

▍適用商品

（1）國內股價指數類商品：臺股期貨（TX）、小型臺指期貨（MTX）、電子期貨（TE）、小型電子期貨（ZEF）、半導體30期貨（SOF）及臺指選擇權（TXO）

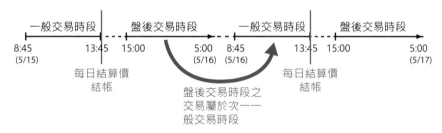

以TX為例

一般交易時段　　盤後交易時段　　一般交易時段　　盤後交易時段

8:45　　　13:45　15:00　　　　5:00　8:45　　　13:45　15:00　　　　5:00
(5/15)　　　　　　　　　　　(5/16)　(5/16)　　　　　　　　　　　(5/17)

每日結算價　　　　　　　　　　　每日結算價
結帳　　　　　　　　　　　　　　結帳

盤後交易時段之
交易屬於次一一
般交易時段

圖 10-1　台指交易時間

（**2**）**匯率類商品：**小型美元兌人民幣期貨（RTF）、美元兌人民幣期貨（RHF）、小型美元兌人民幣選擇權（RTO）、美元兌人民幣選擇權（RHO）、歐元兌美元期貨（XEF）及美元兌日圓期貨（XJF）、英鎊兌美元期貨（XBF）及澳幣兌美元期貨（XAF）。

（**3**）**國外股價指數類商品：**美國道瓊期貨（UDF）、美國標普500期貨（SPF）及美國那斯達克100期貨（UNF）。

（**4**）**黃金類商品：**黃金期貨（GDF）、台幣黃金期貨（TGF）、黃金選擇權（TGO）。

（**5**）**原油類商品：**布蘭特原油期貨（BRF）。

（**6**）**ETF期貨：**元大台灣50ETF期貨（NY）。

▊ 交易及部位歸屬原則

（**1**）每日交易時段區分為一般交易時段及盤後交易時段；

（**2**）參考國外交易所做法，每日交易及結算作業以一般交易時段收盤為劃分點，盤後交易時段之交易屬於次一一般交易時段（例如，星期一的盤後交易，在星期二的一般交易時段結算）；

（**3**）盤後交易時段相關交易及結算作業，除另有規定外，於次一一般交易時段辦理。

2018年10月24日就是一個例子，當天台指期收盤價9715，隔日台指期貨日盤開盤跳空開低292點，如果一口大台就是58400元的損失，但是當天夜盤的走勢中，可以做出適當的停損機制，以控制損失的金額。

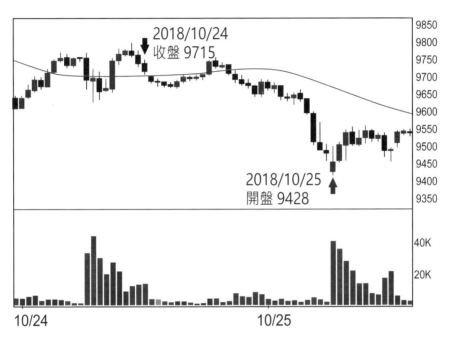

2018/10/24
收盤 9715

2018/10/25
開盤 9428

9850
9800
9750
9700
9650
9600
9550
9500
9450
9400
9350

40K
20K

10/24　　　　　　　　　　10/25

圖 10-2 以 2018/10/24 為例，日盤跳空損失，可在夜盤執行停損

Chapter 11 動態價格穩定措施

為強化期貨市場價格穩定性，並防範錯誤交易、胖手指（Fat-finger error，因為鍵盤輸入失誤而造成的錯誤交易，造成市場混亂而出現損失），或盤中委託簿流動性瞬間失衡，就是買盤或賣盤忽然抽單，造成買賣盤消失引起市場價格急劇波動等事件發生，以減緩價格異常波動、保護交易人，期交所以階段性方式建置價格穩定措施，自2018年1月22日起適用於台股期貨及小型台指期貨最近月及次近月契約、2018年11月19日起適用於國內股價指數期貨、2019年5月27日起適用於台指選擇權。

動態價格穩定措施，係期交所訂定即時價格區間，對適用商品之每一「新進委託」（不含期貨跨月價差衍生之委託）試算其可能成交價格，若買進委託可能成交價格高於即時價格區間上限，或賣出委託可能成交價格低於即時價格區間下限，將予以退單；也就是此措施僅會對造成價格向上（下）異常波度之買進（賣出）委託退單，對以低價買入及高價賣出之委託不會退單。

▌大行情出現時，恐造成市場混亂

動態價格穩定機制到底好不好？我的看法是，動態價格穩定措施雖然減少了市場上的爭議個案，但是由於商品的多樣性，加上選擇權各履約價的波動性不同，有可能在大行情出現的時候，反而造成市場的混亂。舉例來說，圖11-1為2019年07月03日上午開盤後的走勢圖，當天開盤後出現胖手指交易，從期貨開盤後到現貨開盤間15分鐘內，大概成交8000筆（擷取中間11秒內的行情走勢），可以發現兩個狀況：

第一、08:46:07秒，前後兩筆交易最大差距是 217 點，這個數據如果用昨天的加權指數結算價來算，剛好就是2%，所以證明期交所的動態價格穩定機制，確實有執行。

第二、但是執行是否就有效果？請看圖11-2，圖上編號1069和1074是被擋單的成交資訊，下方的編號1249／1251兩筆是當天低點的成交資訊。如果單就此來看，似乎有人因為退單後重新送停損單，反而成交價格落在更差的位置，動態保護機制反而造成傷害，這是值得去思考的。

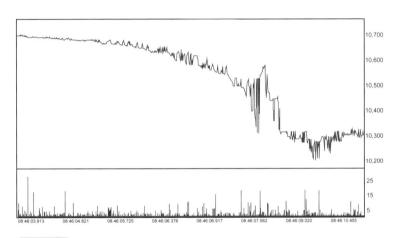

圖 **11-1** 胖手指事件對期貨市場的影響（盤中 11 秒走勢）

編號	時間	價格	成交量	與前價格差距	備註
1065	08:46:07.793	10364	1	-8	
1066	08:46:07.798	10330	2	-34	
1067	08:46:07.802	10487	2	157	
1068	08:46:07.807	10529	1	42	
1069	08:46:07.812	10314	1	-215	動態價格穩定機制
1070	08:46:07.817	10529	2	215	
1071	08:46:07.822	10529	1	0	
1072	08:46:07.826	10530	1	1	
1073	08:46:07.831	10529	2	-1	
1074	08:46:07.836	10313	1	-216	動態價格穩定機制
1075	08:46:07.841	10530	4	217	
1076	08:46:07.846	10388	18	-142	
1247	08:46:09.949	10280	1	0	
1248	08:46:09.959	10210	2	-70	
1249	08:46:09.969	10202	3	-8	當日最低價
1250	08:46:09.979	10279	1	77	
1251	08:46:09.989	10202	1	-77	當日最低價
1252	08:46:10.000	10279	1	77	
1253	08:46:10.011	10280	1	1	

圖 **11-2** 動態穩定交易機制造成不良影響

Chapter 12 交易規則衍生的交易策略

　　讀者讀到這裡，是否感到困惑，懂這些東西到底有什麼用處？大家想學的是技術指標，是賺錢方程式，了解這些東西真的能印出鈔票嗎？

　　這邊分享一個我過去常用的交易策略。

　　台指期的合約規格，近月合約都是一個月結算一次，大家較常接觸的幾個美國指數期貨合約，小道瓊期貨（YM）、小S&P期貨（ES）和小那斯達克期貨（NQ），是三個月一個合約。一個月到期和三個月到期的合約中，影響差異最大的就是——長期持有部位的換倉。還記得台指期的主要功能是避險嗎？舉個例子，某外資因為持有台積電1000萬股，為了防止市場意外造成台積電股價下跌，他賣出台指期避險，由於是長期持有台積電股票部位，因此每一個月合約到期，就得換倉到下一個月分的合約。台股指數期貨中，有一些部位是長期持有的，例如避險的部位。避險有兩種形式，一種是法人對於股票部位的避險，例如圖12-1的金融期貨指數可以看到，外資的部位多半都是水線之下的空單部位。

▌獲利秘訣：結算前，多空兼做

　　另一種避險，是因應發行衍生性商品之後必須做的操作策略。可以看到圖12-2中，台指期的未平倉部位中，有兩個大法人的未平倉部位幾乎是相反的布局，如果再進一步追蹤，可以觀察到此現象發生的時間。恭喜你！找到通往金庫的密碼了。我之前靠著這一項操作，曾有一個月單日獲利超過70點，分享這個經驗到現在，大概也有4年了。看到這裡，是否增強了你研究這些資訊的動力了呢？

　　分享一個大家都有機會賺到錢的簡單策略，觀察三大法人中投信幾乎是空單為主（圖12-2下方柱狀），這部位主要是來自兩檔ETF，分別是「元大台灣50單日反向1倍基金」（股票代號：00632R）和「國泰台灣加權指數單日反向1倍基金」（股票代號：00664R）。以上這兩檔標的因為追蹤的是台股指數期貨，所以長期持有空單部位，這兩檔標的都會在每個月結算前三、四天開始進行換倉操作。空單會從近月合約回補（買近）換到次月（賣出），循著這個模式，我的策略就是：在

結算前，做多（買進）近月合約同時放空（賣出）遠月合約；到結算日當天，做平倉出場。由於部位一多一空，並沒有太大的風險存在，同時持倉時間短，經常是一天就結束，最多曾經有70幾點／單口的獲利績效，也曾經維持連續將近10個月正報酬。這些「投信」換倉的成本，也都成了「外資」每個月的收入。看到這邊，你還要去買那兩檔基金嗎？

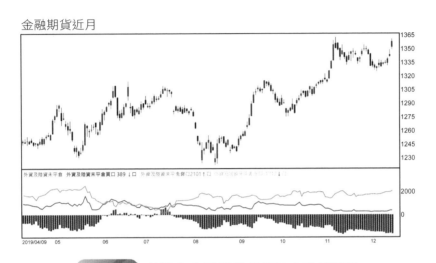

圖 12-1 外資在金融期貨長期持有空單避險

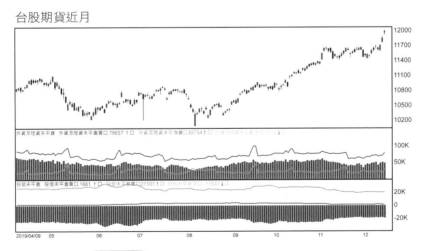

圖 12-2 投信持有空單主因為發行 ETF

第二篇
市場解説

Chapter **13** 商品選擇

目前台灣期貨公司上市的期貨商品大概有以下四類：

一、股價指數期貨類（包含國內外指數，都用台幣報價合約）

國內股價指數：台股期貨、小型台股期貨、電子期貨、金融期貨、非金電期貨、櫃買期貨、小型電子期貨、小型金融期貨、半導體30期貨、航運期貨、台股生技期貨。

國際股價指數：美國道瓊期貨、美國標普500期貨、美國那斯達克100期貨、日本東證期貨。

二、個股期貨類

股票期貨、小型股票期貨合約、上市ETF標的證券等。

交易標的參考：https://www.taifex.com.tw/cht/2/stockLists。

三、匯率期貨類（外幣報價合約）

美元兌人民幣期貨、小型美元兌人民幣期貨、歐元兌美元期貨、美元兌日圓期貨、英鎊兌美元期貨、澳幣兌美元期貨。

四、商品期貨類

黃金期貨（美金報價合約）、台幣黃金期貨、布蘭特原油期貨（台幣報價合約）。

本書主要介紹台股期貨／小型台股期貨為主，這兩個商品差別在於合約規格大小，但是盤中常會有一、兩點的差異。所以有朋友會問：「這兩種商品是否該看個別的K線來交易？」我建議，統一用台股期貨K線就好，只有一個特殊情況，每天開盤前，筆者會留意這兩者之間是否有價差，在大跳空的交易日，是有機會看到不合理的價格出現，這時候可以一口大台／四口小台的比例，去做無風險套

利的交易，只是這幾年越來越難看到了。下一個單元也會介紹個股期貨類的交易，也許在台股行情較小的時候，可以轉為個股期貨去操作。至於其餘商品，由於成交量太低，為考量系統性風險，建議避而遠之。

圖 13-1 期貨商品種類

台股期貨契約價值是台股期貨指數乘以新台幣200元，以目前台股指數超過10000點來計算，等於交易一口期貨合約是操作200萬的商品。但是因為台指期採用的是保證金交易，而這個保證金雖然是浮動的方式，但是並不是隨著契約金額做調整，而是跟著期交所訂定的風險係數[註]調整。也就是說，指數期貨保證金並不像個股期貨或是股票信用交易，會隨著股價變動而有所調整，因此交易人必須更清楚中間的差異性。

由於現行制度的原始保證金和契約價值是浮動的，我不建議用幾倍保證金的概念去操作，對於當沖交易者，我建議觀察風險指標來操作，盤中請維持風險指標在200%之上。

■ 槓桿別開太高，也勿過低

由於過去幾年台指期的發展不斷有新的演進，我們的風險控管也應該跟著修正。我剛開始接觸期貨交易時，營業員一再提醒交易期貨必須用4、50萬元來交易一口，當時的台指期大約九千點的行情吧，現在是萬點成為常態的時代，保證金應該多準備一些，還是少準備一些呢？

如果你的答案是多準備一些，你是否考量到了，現在有夜盤交易可以執行，利用夜盤交易來保護資金，是否還需要用50萬元來交易一口台指期貨呢？這部分也可以歸功於期交所建立的盤後交易制度，讓投資人可以更有效率控制保證金使用比率。

操作當沖或者留倉波段對資金的控管方式各有不同，很難有一個標準答案可以遵循，這也就是交易的樂趣。提醒兩個重點：不要把槓桿開得太高，也不需要把槓桿開得太低。前者風險極大化，後者操作期貨根本就沒有意義了。我過去曾與一位操作者辯論，他建議槓桿開2~3倍（準備70~100萬元去操作一口台指期貨），其實背後的原因，是因為他透過分享程式讓人交易，收取技術股分潤，又怕客戶槓桿太高而輸錢，所以才只好不斷用低槓桿的話術來做自我辯解。

國內高風險通知及盤後追繳原則	
盤中高風險通知原則	一、盤中下列情形本公司將進行高風險通知： 　　1.盤中權益數低於未沖銷部位所需維持保證金；或 　　2.盤中權益總值低於未沖銷部位所需保證金（維持保證金及加收保證金）。 二、風險指標低於25%者，本公司則將執行全數未平倉部位強制代沖銷作業。
盤後追繳原則	權益數低於維持保證金則發出追繳。盤後追繳未於次一營業日規定時間內（中午12點）補足追繳款項且權益比率未達100%以上者；或權益比率未達100%以上且前一營業日之未沖銷部位未全數平倉者，本公司則將強制代沖銷以上（權益比率達100%以上）。
國外高風險通知及盤後追繳原則	
盤中高風險通知原則	國外盤中權益比率或風險指標任一低於25%（即足額維持率低於25%者），本公司則將執行全數未平倉部位強制代沖銷作業。
盤後追繳原則	國外交易日（T日）收盤結算後，若權益數低於其在倉所需維持保證金時，本公司T日發出追繳，需於T+1日收盤十分鐘前補足保證金或逕行全部部位或部份部位之反向沖銷（至少回到原始保證金以上）。

資料來源 https://www.yuantafutures.com.tw/riskcontrol_02

圖 13-2 風險規則說明

交易商品	保證金成數	槓桿
股票現股買賣	0	1
股票融資買進	40%	2.5
股票融券賣出	90%	1.11
股票期貨	13.50%~20.25%三級	5~7
台指期貨	91000元	24

圖 13-3 各種金融商品槓桿倍數

*註：風險係數：按期交所說明於訂定結算保證金標準時係以涵蓋市場風險為考量，故特以風險價格係數計算之。其風險價格係數所指為參考一段時間內價格變動幅度、景氣循環及其他可能因素，估算至少可涵蓋二日價格變動幅度99%信賴區間之值。

Chapter 14 槓桿計算

　　我開始接觸期貨交易時，身邊的朋友都提醒，期貨是高風險高槓桿的商品，多年交易經驗告訴我，期貨未必是高風險的商品，因為股票的日內波動，或者隔夜風險和流動率，都遠遠高過台指期貨，但是高槓桿確實是期貨交易的特性。

　　在交易市場，往往暴富靠槓桿，而槓桿也容易讓人破產。到底台指期的槓桿怎麼計算？前面提到，台指期的保證金規定來自期交所，依據各期貨契約交易規則之規定，台灣期貨公司公告之保證金分為三種：原始保證金、維持保證金及結算保證金。

　　上述三個保證金，我們從最後的結算保證金談起。結算保證金公式計算方式為：結算保證金＝指數×指數每點價值×風險價格係數。其中，風險價格係數，按照期交所的說明：「本公司於訂定結算保證金標準時係以涵蓋市場風險為考量，故特以風險價格係數計算之。其風險價格係數所指為參考一段時間內價格變動幅度、景氣循環及其他可能因素，估算至少可涵蓋二日價格變動幅度99%信賴區間之值。」上述這一段話，你是不是「每個字都看得懂，但看完全部，完全不懂。」

▌須控制「權益數 > 維持保證金」

　　其實只需記住一個重點，目前期交所規定的台指期每口原始保證金是91,000元，維持保證金是70,000元，如果當天盤中權益數（本日帳戶餘額＋未沖銷的期貨浮動損益）低於維持保證金，這時候只要在收盤前做兩個動作：「補資金」或者「做部位調整讓權益數回到『維持保證金』之上」，那就安全。如果到收盤之後，行情沒有回頭，你也沒做任何處理，權益數還是沒有回到維持保證金之上，那收盤後就會進入盤後追繳。

　　如果發生盤後追繳，隔一營業日中午12:00前要讓權益數補足到「原始保證金」，這表示，一旦發生被追繳，便需要補更多的錢進去，所以我們要把資金控制在「權益數 > 維持保證金」，千萬不要讓追繳來找自己的麻煩。權益數怎麼算？簡單說，權益數＝本日帳戶之淨值，含當日期貨部位損益及有價證券抵繳總額。這邊舉一個例子說明。

█ 若方向做錯，務必適時停損

我們用圖14-1的走勢來說明，交易人A的帳戶原本有95,000元，足夠下一口台指期貨（原始保證金91,000），他在早上開盤在11603看多買進一口台期合約，盤中一度跌到11466點，這一口合約損失137點等於27400元，此時權益數為95000-27400=67600，已經低過維持保證金70000的水位，此時你可以選擇補進3000元讓權益數回到維持保證金之上，不然當盤後收到追繳，隔天中午要補進23600元才能回到「原始保證金」的水位，這中間就差了兩萬元的資金。

此時又有一種操作模式，這種盤很常出現在台指期大漲大跌當天的尾盤，一些資控做得不夠好的朋友，又沒有多餘資金可以在盤後補足保證金，往往要到當天尾盤才願意停損出場，並透過減少部位的方式來讓保證金回到維持保證金之上。這樣的交易，你覺得好嗎？雖然很捨不得看到別人損失，但這個時候，我們只能幫忙他把口袋的錢，轉進我們的帳戶內。切記，方向要打對！下圖就是一個例子，當天就收在最低點。

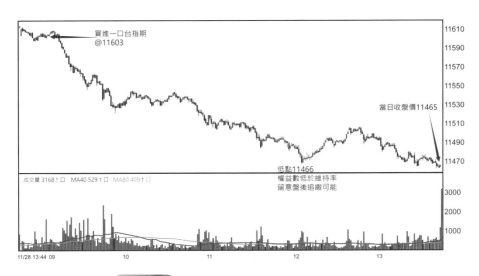

圖 14-1 時時維持權益數在保證金之上

Chapter 15 摩台期貨和台股期貨的差異

關於台股市場的特性，我們用摩台期貨[註]來比較。新加坡期貨交易所的摩台指數，追蹤的標的也是台灣證交所上市的公司，照理說，和台指期是極為相像的商品。但是在比較成交量和未平倉量這兩個數據後，會發現這兩種商品的屬性截然不同。

摩台期用美元計價，對於外資做避險操作的時候，減少了匯兌的風險，這個先天的優勢是我們無法與之競爭的。同時，新加坡期貨交易所並沒有像台灣期交所針對每天的進出資訊提供資訊，外資的操作和布局也大幅減少了曝光的機會，我長期觀察下來，外資在新加坡期貨交易所的避險部位遠大於台指期的布局。

▌觀察未平倉量變化，判斷趨勢

這邊提供我長期整理的資訊，兩張圖分別是台指期和摩台期日成交量和未平倉量（當日未沖銷的合約）的比較圖。圖15-1的灰色線是日成交量的紀錄，紅色線則是未平倉資訊，可以很明顯看到，上面的圖表中台指期的日內交易量遠遠高過未平倉口數，這個比例大約在0.7以下（未平倉口數／日成交口數），而摩台期剛好相反，未平倉量遠遠超過日內的成交量能，摩台期的日成交量很常看到一個突波的情況，那是每個月換倉的交易日。

我常提醒交易者，操作的關鍵先要綜觀全局，多數當沖交易者並沒有考慮大環境的架構，每天當08:45:01期交所開始提供成交報價後，就被上下跳動的行情所吸引，很容易失去方向性而盲目進場，多數人都知道不要逆著趨勢操作，趨勢怎麼觀察？有些交易人喜歡透過技術指標觀察，其實，觀察未平倉量的變化，是一個相對簡單的方式。我會在下一個單元，提供一個方法來判斷趨勢的方向。

註：摩台期貨2020年更改為 富台期貨 （後略同）。

台指期

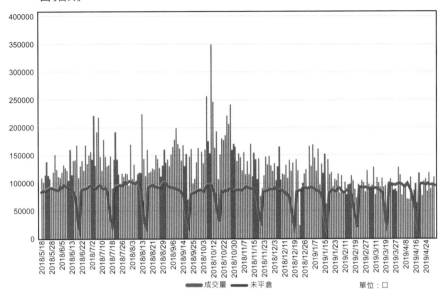

摩台期

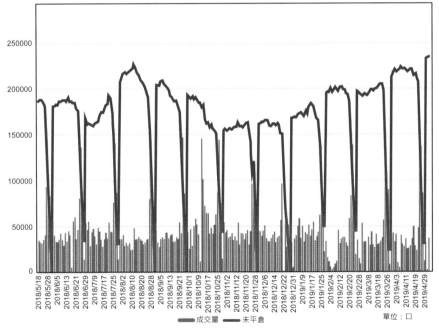

資料來源：作者整理

圖 15-1 摩台期未平倉量大於日成交量，結構與台指期相反

Chapter 16 摩台期貨的運用

　　既然知道摩台的倉位主要來自於避險操作，細心的交易者可以透過觀察摩台未平倉的資訊，作為台股相對高低點的參考。這邊整理了過去400個交易日，摩台收盤價和摩台未平倉量的關係。眼尖的讀者應該不難發現，往往價格的低點，對應出來摩台的未平倉量（OI）也是相對低的，至於高點呢？是否也有這樣的情況出現呢？

　　我曾經在接受券商邀約的分享會上碰到這樣的問題：「摩台未平倉水位目前超過24萬口，是不是高點到了？」我自己比較少單獨用摩台的高水位來判斷行情的高點是否出現，因為避險的操作是被動的，行情越高，避險部位會增加，這是正常的事情。我的操作比較關注「不正常」，什麼叫做「不正常」？例如當行情持續下跌，但是避險部位不減反增，例如2019年1月，指數在跌破兩個月的低點時，避險的部位並沒有減少，反而小幅增加，這就是一個「不正常」，必須留意，並做後續追蹤觀察。

▌成交量超過兩萬口為多空指標

　　這個資訊有一個需要注意的現象，由於新加坡期交所只提供每日的未平倉量，圖16-1可以看到每個月週期性的會出現空檔區，那是因為每個月底當月合約會進行結算，然後次月合約接替轉為當月倉的情形。按照經驗，摩台期貨大約結算前3天會出現換倉操作，摩台結算日為每個月倒數第2個交易日進行結算，不像台股固定第3個星期三結算，所以到了月底前，這個表格的使用必須特別留意。

　　另外提供一個小技巧，我自設一個指標觀察摩台期小時線的K棒，配合成交量作為濾網，當成交量超過兩萬口的K棒出現時，記錄當根K棒的高低點，用這個價格區間做為後續多空的分界。當K棒價格漲過高點，就可以進場做多，反之跌破就是做空。圖16-2是2019／08／06~2019／11／26的走勢圖，有興趣的朋友可以檢查看看。

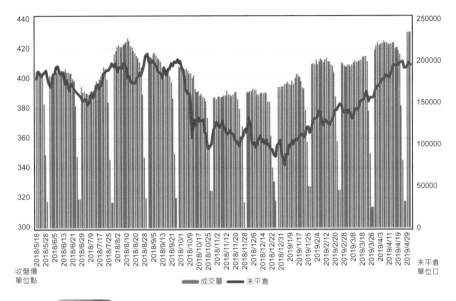

資料來源：Multicharts

圖 16-1　摩台收盤越高，避險需求高，未平倉也相對高

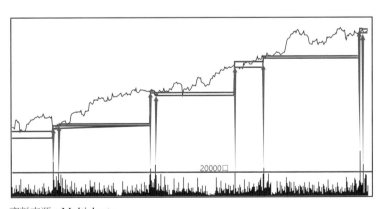

圖 16-2　注意摩台期成交量超過兩萬口的 K 線

Chapter 17 摩台期貨波段運用

　　了解摩台期貨與台指期的差異後，摩台期貨還有兩項我們可以分別運用在波段交易以及當沖的特點：

　　首先，我們來談談，在波段交易中摩台和台指的相互運用。由於摩台的結算時間是每月倒數第 2 個交易日，外資經常會利用結算日前 3 天開始進行換倉操作，怎麼觀察外資的換倉操作呢？圖 17-1 中，同時觀察摩台期貨近月合約和次月合約，會看到兩邊同時出現非常大的成交量。經驗上，大量成交應該會推動行情，但是這種換月交易中，可以看到只有大量，卻沒有價格大幅變動的情況。

　　這樣的現象，我習慣用結算前後 4 個交易日（D-2，D-1，D，D+1）作為摩台的換倉成本，有人習慣用摩台價格換算成台指相對價格，其實可以更簡單一點，直接用台指期貨當時的價格即可，我們要參考的是「日期」。稍後我用一個實例來作說明。

▌換倉成本差 50 點內，將有大行情

　　摩台換倉成本計算完成後，再以同樣的方式找出台指期貨的換倉成本。台指期我慣用 5 天，大概是第二個星期三開始，一直做到第三個星期三（台指結算日當天）。價格的參考可以有很多種方式，簡單一點，直接用當日收盤價記錄；要複雜一點的，可以把當天的最高價、最低價和收盤價一起運用，可以用三者的平均（最高價+最低價+收盤價）／3；也有人更複雜的仿效 CDP 的運算公式，把加權的比重多放一點到收盤價，變成（最高價+最低價+2×收盤價）／4，得到一個當日的參考價，最後把幾天參考價整合出一個平均價格。

　　至於運用方式，看圖就能一目了然。當兩個換倉成本相差 50 點內，往往就會出現一波 400 點波段行情的走勢，透過這樣的觀察，你將更有機會掌握到波段的行情。

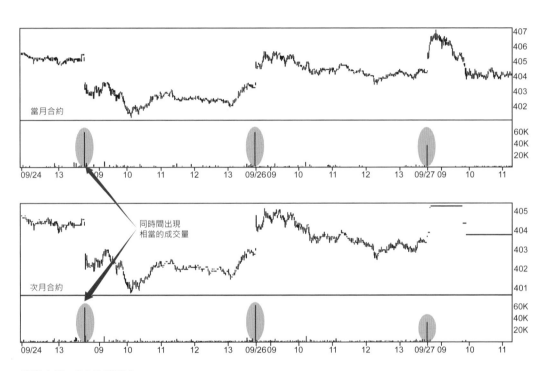

當月合約

同時間出現
相當的成交量

次月合約

資料來源：XQ 全球贏家

圖 17-1 摩台換倉交易可以從近遠月兩個合約觀察到，
兩個合約會同一時間出現相近成交量。

Chapter 18 換倉成本計算

摩台每個月的結算日是每月倒數第二個交易日，以2019年11月為例，由於2019／11／30為週六不交易，所以當月最後一個交易日是2019／11／29，結算日就是2019／11／28。筆者慣用的計算方式為四個交易日的當日最高價和最低價共八個價格平均，作為當月的建倉成本。這四個交易日分別為：2019／11／26（D-2），2019／11／27（D-1），2019／11／28（D），2019／11／29（D+1）。

▌以台指8個價格算出建倉成本

日期挑選好之後，我們可以開始計算。不過由於摩台指數的基準值和台指期不同，以2019／11／28為例，當天台股指數收盤為11614，摩台指數收盤443.4，因此有人會用一點摩台約當多少點數大台計算。筆者採取相對簡單的做法，我們只採用計算的四個日期，但是仍然採用台指當天的價格去作計算就好，這樣可以省去換算的困擾。

2019／11／26高點	11658	低點	11603
2019／11／27高點	11651	低點	11596
2019／11／28高點	11663	低點	11605
2019／11／29高點	11613	低點	11462

上面八個數字的平均是11606，所以2019／12／01開始，我就會用這個數字作為11月摩台的建倉成本。

同樣的方式，我們也可以在每個月台指期換倉的時候計算一次台指換倉成本線，筆者多年觀察的經驗，當這兩條成本線靠在一起的時候（差距50點內），往往就是一波大行情的發動點。下次當你看到這種狀況出現的時候，請記得就用那個成本線的區間，作為一個波段操作的依據，2019年間，這樣的狀況就出現四

次，每次都有4~500點的大波段行情。

接下來，我會在下一單元將說明摩台期如何運用在當沖交易中。

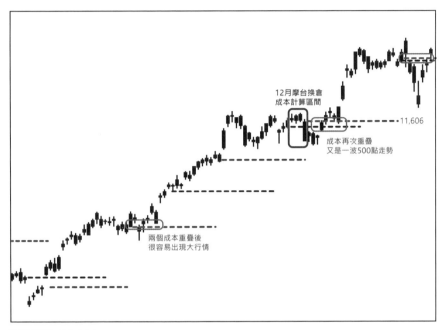

資料來源：Multicharts

圖 18-1　台指期和摩台指價格差距 50 點以內，就有大行情

Chapter 19 摩台期貨當沖運用

由於摩台期貨合約涵蓋台指88檔成分股，加上此商品的交易者是以法人和波段交易者為主，我在盤中也會以此作為當日強弱勢的判斷，用法詳述如下：

期貨和現貨價格中存在一個差值，稱為價差[註]，不過由於台指期貨價格和摩台期貨價格差距甚大，無法直接用價差來比較，我將之轉換成比值「價差 ／ 現貨價格」，以利在盤中拿來觀察。

▌台指和摩台走勢不同，以摩台優先

用圖19-1來解釋，當天觀察到台股行情中，摩台價差比出現負值，台指價差比則是正值，通常這種情況下，台指期很容易後繼無力而回檔。5分鐘後，台指期貨也轉為逆價差，但是仍然比摩台略強，此時，我通常空單或者是空手，不持有多單，避免行情急轉而造成損失。簡單說，台指和摩台走勢不同時，以摩台的走勢優先。

這個指標同樣有使用上的限制，例如除權息季節內，因為結算日不同，指標運用上就得特別小心。先前提到，我們會在指標出現「不正常」走勢時進行觀察，然而「不正常」不代表行情會立即反應，有時甚至會出現一整天內空手的狀況。對於空手沒有交易，有很多交易人是無法接受的。但進市場是為了賺錢，不是為了交易，因此我嚴守「行情看不懂，絕不進場操作」的紀律。

*註：有些券商軟體是用基差表示，同時市場也有人的定義是基差是期現貨價格差，價差是期貨合約中遠近合約的差值。（1）基差＝現貨價格 - 期貨價格（2）價差＝遠月分期貨契約價格 - 近月分期貨契約價格。

在期貨交易中，基差與價差是屬於非常重要的資訊。因為單由基差、價差的走勢變化，就可以衍生出許多不同的交易策略，譬如套利與價差交易。

價差反應的是持有現貨的成本、收益與市場對未來走勢的預期心理。因此，價差變化可以作為測量市場多空心理的一項有力指標。基差與價差的大幅變化經常是趨勢反轉的領先指標，應教導投資人隨時觀察該項指標之變化，把它當作是盤中最即時的技術指標。如果投資人能夠善用價差大幅變動之資訊，不但有助於期貨市場的進出，更可提升現股的操作績效。

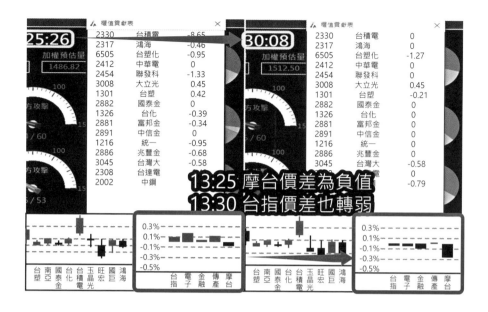

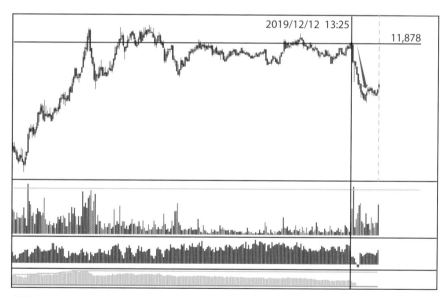

資料來源：A+台股溫度計畫面 & Multicharts

圖 19-1 當摩台價差出現負值，台指期往往也會跟著轉弱

Chapter 20　電子期與金融期

除了台指期和摩台期的價差在操作上可以拿來參考，還有兩個商品也可以提供一些資訊，就是「電子期」和「金融期」。由於台股市場中電子股權重的占比約58%，金融大約13%，且電子期、金融期、台指期3種指數期貨之交易時間、最後交易日以及最後結算日時間點均相同，再加上契約值以台幣計價，所以若能將三方合約值加以適當調整成等比率，則可利用其來做價差交易。

日內當沖交易的時候，由於近年台股成交量萎縮，我曾開發一個指標，以觀察當日的電子類股與金融類股的漲跌幅，用來判斷當日走勢的強弱。觀察後發現一個相當有趣的狀況，當股市上漲的時候，往往電子類股當日漲幅強過金融類股；相反的，當金融類股表現比電子類股強時，往往當日台股行情反而偏弱。

■「金強電弱」須配合成交量遞減

市場上有一句俗諺：「拉金融，出電子。」許多投資人曾經被這樣的狀況修理過，所以當盤中出現下跌走勢，同時金融股漲幅又大於電子時，往往跌勢會擴大。圖20-1提供兩個交易日的走勢給大家參考。

關於這個指標的做法，是先計算電子指數和金融指數當日的漲跌幅，這邊不採用期貨的原因是，金融期交易量低，有時候數分鐘內一筆交易都沒有，這時候容易抓到錯誤數據而讓指標無法正確計算。接著，把電子指數和金融指數當日的漲跌幅相減。

使用這個指標必須注意，當「金強電弱」現象發生的時候，通常伴隨台股預估成交量出現盤中逐漸遞減。如果當天成交量是持續放大的走勢，這個指標就有可能失靈，使用上要特別小心。

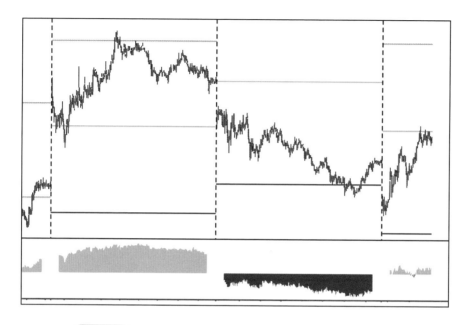

圖 20-1 金融指數強於電子指數時，當天容易走弱

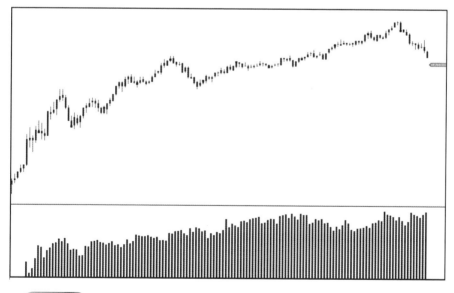

圖 20-2 多頭強烈走勢中，電指金融強度指標維持正值不墜，以
2020/02/12 走勢為例。

第三篇

交易前的準備

Chapter 21 選擇交易商

看到這裡，很多朋友應該已經摩拳擦掌準備開戶交易了，這時候你會問，可以推薦哪家券商有便宜的手續費嗎？大多數人都有一個觀念，當沖交易的手續費會吃光利潤，因此做當沖是很不聰明的。

會有這樣的錯覺，其實是因為對商品的不了解。由於證券的手續費是跟著股價計算，每一筆進出的時候，交易的成本確實占了相當的比重，這對進出頻繁的當沖交易者是很不利的。到底這個占比有多少，請參考圖21-1。

台指近期維持在11000點附近，我用11000點的台指期貨來做比較，一口大台的契約價值是220萬元，假設交易相同金額的台指期貨／股票／和0050 ETF，來比較三個不同交易的成本。由於各家公司提供手續費優惠不同，我們用市場比較常見的價格，台指期貨手續費一口50元；股票（含ETF）手續費提供五折優待。

▌券商服務比手續費高低重要

期貨單次進出的交易成本大約是144元，ETF高達5335元，股票更是將近70倍的金額約9735元。這個比較表同時提供了重要的操作依據，台股期貨交易成本約佔144元，目前一點大台契約是200元，等於一個跳動點就能賺到錢。而股票呢？股票最有利的跳動點大概是股價的0.5%，而股票交易成本是0.443%，股價跳動一個價位買賣還是賠錢，這也難怪會讓一般人對於當沖交易的成本錙銖必較。

期貨在開戶時還需要注意另一個重點，目前各券商分別設有證券業務和期貨業務。正常的情況下，證券端雖然可以開立期貨帳戶，不過算是期貨公司的經紀業務端，往往手續費會高出許多。

如果找到收費合理的期貨公司，我建議就不要過度的砍價了，我在意的是業務員的服務，以及公司軟體的便利性和穩定性。試想，你砍了1元的手續費，一個月你能省下多少費用？但是往往業務員一個資訊的分享，或是下單軟體異常，這中間的差異絕對是你想像不到的。究竟什麼樣的軟體對我們才有幫助？將在下一個單元說明。

指數 11000點 契約價值 220萬			
項目	期貨	ETF	股票
手續費（買）	50	1567.5	1567.5
手續費（賣）	50	1567.5	1567.5
交易稅（賣）	44	2200.0	6600.0
合計成本	144	5335	9735
成本差異	1	37	68
交易成本%	0.007%	0.243%	0.443%

註：股票手續費5折，稅：期貨十萬分之二／股票千分之三／ETF千分之一

資料來源：作者整理

圖 21-1 交易等值（220萬）的期貨、ETF 和股票的交易成本

Chapter 22 工欲善其事

100 Pictures

　　前面提到了交易工具的重要性，我交易過的期貨公司共有9家，其中有幾家已經被合併。提供幾個交易中重要的工具給讀者參考，至於哪一些券商有提供這類工具？請讀者自行詢問券商營業員。

　　關於軟體，我建議不要用手機交易。雖然市場上有人標榜只需手機滑一滑，一天就能賺進多少錢，但我沒有那樣的本領，因此也不建議大家這麼操作。

　　我自己慣用的下單軟體須具備四個重要的功能：

　　1. 停損功能：我每次進場皆會把停損單掛上，這樣做的原因，是為了拋棄僥倖的心態，每次進場若能先繫上安全帶，交易就安心許多。關於停損功能，有些券商軟體只能固定不動，有的則能隨著價格於獲利時相對移動，各有其優點。

　　2. 停利功能：在進場成交後，就直接掛出停利價格。這樣的交易模式，在打快速順勢單的時候有很棒的效果，只要設定好獲利幾點出場，當行情快速發動的時候，可以一邊進場一邊出場。

　　3. 鍵盤下單：在行情慢慢發生的時候，用滑鼠點擊下單列是可以的，但是當行情快速發生時，我喜歡用鍵盤的熱鍵功能來取代下單列，例如：部位的瞬間放大功能。喜歡打電動玩具的朋友，一定對ASDF這四個鍵非常熟悉，我就設定了這四個鍵，分別是一倍買進／五倍買進／五倍賣出／一倍賣出，再搭配下單工具上的口數變化，在當沖行情發生的時候，神兵利器往往有優異的效果。

　　4. 變形功能：部分券商有提供這項功能，例如我使用的YMF（元大期貨的交易系統）中，可以在空手的時候把所有委託單刪除，也可以設定熱鍵一鍵清除所有掛單。這邊也分享我最喜歡用的一項功能，原本券商設計了手上有部位時，我們可以設反向停損觸價單交易。當你手上有多單，擔心行情回檔造成損失，可以預掛一個當時成交價下方的多單出場。但是當我們手上沒有部位的時後，這個功能便可以拿來作為一個新部位進場的動作。以圖22-1為例，我們要在行情上漲到

11972買進，或是下跌到11949賣出，就可以掛觸價「虛」單來追蹤行情，當行情發動時，它可以在設定點位觸發時直接進場交易。目前所知有此功能的，有元大期貨YMF系統、凱基期貨iTradex系統，以及群益的Super VIP（大S）系統。

　　除了下單軟體外，你發現了嗎？我提及的幾個軟體需求中，並沒有提到特殊技術指標的功能需求，主要是因為我多年來的操作力求簡化，盤中很少參考技術指標進出，對於行情的判斷主要就是K棒以及成交量的搭配，後續我們將在操作篇詳細討論。

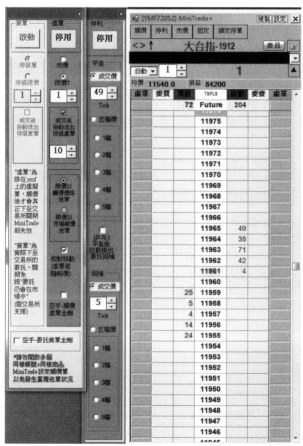

資料來源：元大YMF

圖 22-1 好用的交易軟體及券商服務系統很重要！

Chapter **23** 備援系統

莫非定律告訴我們：「凡是可能出錯的事，就一定會出錯。」因此，即便已經準備好前面介紹的軟體，也務必安裝同公司另外的備援系統，甚至是網頁版的下單介面，這是慘痛的代價換來的經驗談。

還記得我剛進入市場交易時，市場上能提供程式交易軟體的公司不多，當時我選擇了某券商的系統交易。就在某一天下午1點15分，到了設定出場的時間，螢幕上出現了下單失敗的畫面，看了一下還有時間，就慢慢地檢查系統。等到系統重啟完畢，當下已經離開我原訂的平倉價格，幸好運氣不錯，當時的價格離原先應出場點位多了幾萬元的獲利，於是貪婪地把應該是當沖出場的部位，變成留倉的隔日沖交易。

▍遇故障，用另一帳戶或 WEB 下單

沒想到當天下午，市場因為一個政策出檯，原本獲利的部位，反而變成輸錢，而且是慘輸！第二天開盤後，便吞下期貨交易第一筆大損失，七位數的損失！就算經歷過20年股票市場大風大浪的洗禮，還是很難接受自己犯下這麼蠢的錯誤。

券商營業員知道前一日收盤前發生的狀況，以及隔日造成的損失，於是主動打電話來關心，並邀請我到公司和主管開會，第一次碰到這麼好的事情，公司願意幫客戶分攤損失。後來確定了賠償方案，券商主動調降手續費每口3元，直到我把損失補平為止，真是不錯的方案。試問，一百萬口，要花幾年的時間才能消化完？

所以我衷心建議，請隨時準備好一個備援系統，以備不時之需。特別是當你手上有部位的時候，交易軟體發生任何問題，請優先處理你的部位，千萬不要認為你對電腦很熟稔，就把時間浪費在檢查錯誤上。最簡單的方式，甚至是拿起電話，直接打給營業員，請他協助將部位做處置。

備援系統的設定，提供兩個建議，第一、開啟另外一家帳戶，例如筆者經常交易帳戶為元大，但是會準備凱基的帳戶來做後備；第二種是有時候是軟體故障，用券商的WEB下單來做備援系統。

資料來源：凱基證券

圖 23-1 下單一定要用備援系統，而系統出問題，一定要優先處理下單的問題

Chapter 24 如何計畫交易

我過去幾年的教學經驗中，多數朋友想學習的是「如何交易」，很少人去思考「如何計畫交易」。《孫子兵法》有這麼一段話：「夫未戰而廟算勝者，得算多也；未戰而廟算不勝者，得算少也。多算勝，少算不勝，而況無算乎！吾以此觀之，勝負見矣。」因此，在開始交易前，我建議交易人先做好你的計算。

究竟要算什麼？更直接的問法，要如何做交易？前面提到了，期貨交易是高槓桿的操作，因此我們更應該在真正操作前，就做好屬於個人的交易規畫。該怎麼做？我們一步一步來說明。

首先，請務必用你「可交易」的錢來操作，千萬不要借貸來操作，否則你在尚未開始交易前，已經給自己一個「只能贏不能輸」的壓力，這種狀況的下場通常就是大輸。

▌設最大停損，虧四成就停止交易

下一個動作，請把操作資金設一個最大停損點，我建議，在損失達到四成時停止交易。進行檢討交易策略是否失效，並累積好操作資金後，才能重新回到市場交易。幫大家整理出右圖表，說明為何以四成作為出場控制的理由。

從表格中可清楚看到，當資金剩下6成的時候，必須賺回67%的獲利，本金才能回到起始資金。這邊同時提供另外一個做法，當輸錢的時候，如果用剩餘資金的固定成數作為可操作資金，你會發現，每天可進場的資金變低，這是一種符合「贏衝輸縮」的操作模式，讓你在交易不順利的時候，減少風險。

接下來，就是把每天可以操作的部位計算出來。我花了很長的一段時間，研究坊間的書籍以及拜訪成功交易者後，得出「日風控2%為上限」的準則，也就是一天可以損失的最大金額，不得超過操作資金的2%。算出日風控後，再配合交易商品，就能找到對應的最大停損點數。

起始資金 100000			
輸掉 %	剩餘資金	賺回原始資金需要 %	
10%	90000	11%	100000
20%	80000	25%	100000
30%	70000	43%	100000
40%	60000	67%	100000
起始資金 100000			
輸掉 %	剩餘資金	賺回原始資金需要 %	
10%	90000	11%	100000
10%	81000	23%	100000
10%	72900	37%	100000
10%	65610	52%	100000
10%	59049	69%	100000

	金額	成數	備註
你的操作資金	500000	100%	
操作停止區（6成）	300000	60%	
可操作資金	200000	40%	
每日最大虧損	4000	2%	可操作資金
約當大台點值	20		4000／200 = 20
約當小台點值	80		4000／50 = 80
一天連續做錯兩次離場，每次停損10點大台			

資料來源：作者整理

圖 24-1 當你虧損，要逐漸縮小交易金額

Chapter 25　避免使用「當沖保證金減半」當沖交易

對商品已經有認識，也開好帳戶，安裝好交易軟體後，可以開始進場交易了嗎？稍安勿躁，最後還有兩點提醒，講完這個，就準備好上戰場了。

首先，必須先釐清一個觀念，有些朋友剛從股票轉進期貨市場，誤認為必須申請「當沖保證金減半」才能當日買進買出，其實任何期貨商品在開盤時間內，都可以當天買賣。

「當沖保證金減半」究竟是什麼？由於有些交易人的部位只打算日內沖銷，加上可操作資金低，因此有人會選擇向券商申請「當沖保證金減半」。申請資格是，只要在期貨商開戶滿3個月，且在近一年內期貨交易10筆以上，就可以申請。申請通過後，就可以將原始保證金減半進行操作了。

▌行情做錯，無法自行停損出場

但是有幾個重點必須留意：

1. 適用大台、小台、金融期、電子期之近2個到期月的合約（個股期貨、匯率期貨、選擇權等不適用，請以台灣期貨交易所公告為主）。

2. 國內當沖單會在收盤前15分鐘把部位強制平倉，結算日是13:15前，非結算日是13:30前。

3. 國內盤後沒有當沖保證金減半的交易。

為何要特別提醒不要開啟這個選項呢？由於期貨交易本身已是高槓桿交易，我們用一口大台來細算，若指數價格是11000點，契約價值是220萬元，按照期交所目前規定的原始保證金，已經是24倍的槓桿，如果開啟「保證金減半」，這樣的槓桿將放大到近48倍，屆時真的是「成也槓桿，敗也槓桿」。

用「當沖保證金減半」操作時，當天的行情如果做對了，無法轉為留倉進行波

段交易；而現實常碰到的是，一般投資人無法在虧損時自行停損出場，因此，就會落到讓券商在規定時間 13:30 （或 13:15），代為進行部位沖銷。也因此造成過去一、兩年在大漲或大跌的交易日，台指期很容易看到尾盤收當日最高或最低點。另外就是盤中出現超過200點跌幅時，使用「當沖保證金減半」的投資人，幾乎都會面臨到低於風險指標25%的斷頭砍倉。

指數 11000點 契約價值 220萬			
項目	原始保證金	維持保證金	槓桿
台指期貨	91000	70000	24
台指期貨當沖	46000	35000	48
當沖保證金減半低風險指標25%指數跌點 173 點			

資料來源：期交所。

圖 25-1 台指期貨的槓桿已高達 24 倍，不要再用「當沖保證金減半」把槓桿提升到 48 倍

Chapter 26 交易屬性

決定每天可操作的金額後，還有一件事情要做：確認你的交易屬性。交易方式一般常分成以下幾種：

1. 日內波段交易

2. 剝頭皮交易

3. 削到爆交易法

這些交易方法的分類，主要還是配合了台指期當沖的特性。我多年前整理了台指期2,000個交易日的日內振幅，分析資料後發現，如果我們用25點振幅來做區間，可以看到這樣的一個分配圖（圖26-1）。

圖上分成兩個區塊，在2000個交易日內，日內振幅在100點內的天數大約占了1382天，振幅超過200點的天數則有55天。交易市場的高手心隨意轉，長短兼修，有如武林高手一般，落葉飛花都可以傷人；但是在我們還沒有那樣的功力之前，請先好好蹲馬步練習吧，鎖定好你該交易的「行情」，專注在70%的交易中。

▌別急著練功，先找出適合自己的交易

你決定好要開始練習了嗎？不急，先讓我來分享一個故事。

有部連載漫畫《獵人》，主角尼特羅會長是武功頂點的男人，他在46歲那年，認為自己有太多需要感激的事情，於是他決定在山中以「揮正拳」來表達感謝之意。這個單純武術修練動作，就是每天在日落前完整做出一萬次「整頓」、「祈禱」、「擺姿勢」以及「出拳」的動作。剛開始全部完成一萬次滿懷感激的正拳，大約花了18個小時。

直到某天他赫然發現，還沒日落，一萬次正拳就打完了。再過了四年，他竟然一個小時就完成了。

當然，這只是漫畫。曾經有熱血漫畫迷，按照漫畫的指示，打算一天打一萬次滿懷感激的正拳。第一天花了7個小時，打了2547拳，就放棄了。心得：越打越累，越後面手會越提不起來。

看看這三種交易的優劣點吧！還有，你究竟適合哪種交易方式？往往我們想要的，並不是我們可以做到的。

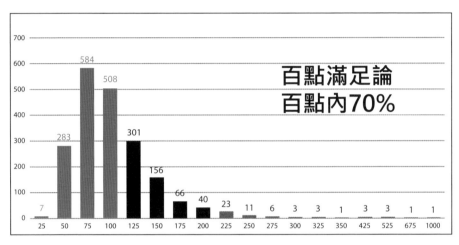

資料來源：作者整理

圖 26-1 台指期日振幅統計整理

Chapter 27 日內短波段交易系統

這是最多交易人做的交易模式,也是我這幾年分享的主軸。這種策略主要操作行情是針對振幅統計資料中得到的,百點內振幅的交易日數有1382天,大約是七成,我曾經回測過3000日,得到的百分比相差不多,所以市場上有一個台指期的百點滿足說法。

掌握這個要領後,我們可以設定交易的幾個重點:

1. 當日交易方向

一天只選擇一個方向來操作,不管是用籌碼、大週期方向或前日漲跌走勢,一天選擇一個方向做。這樣做的好處是,可以避免在一天之內,做多失敗,做空也失敗,就是大家俗稱的「雙巴模式」,做交易不用做到當別人打了你的右臉,你要連左臉也轉過來讓他打。

2. 進出場周期

一般人慣用的是5分K線,一天有60根K棒,當我們選擇的K棒越長,是比較不容易被騙線沒錯,但是往往進場時間也就相對較晚,同時我們設定停損的區間也就會跟著放大。我建議,當你熟練了5分K線的操作,不妨把K棒週期縮小到3分K線;當你操作不順利的時候,就退回5分K線。

3. 交易頻率

每天的出手控制在3~5次內,頻繁出手,多半是輸錢的結果多。我自己帶領LINE群組在盤中實戰交易超過4年,我建議一天不超過5次,連續損失兩次後,就請暫停今日的交易。請注意,是「連續損失兩次」後停止交易,為何是兩次?這是幾年下來看診無數的結果。有很多朋友勝率還不錯,但在連續發生三次損失後,他就無法控管自己的情緒了。

交易特徵	操作原則	注意事項
最多人使用的當沖模式 停利：20～40點 小波動容易受傷 大波動較難擴大獲利 週期：1～3K、SK、10～15K 交易頻率：3～5次 權益變化： 小賺、小賠、大賺	盤中尋找、等待特徵 時間、空間切割 多空判斷：提高尺度觀察 進場： 型態、撐壓、關卡價 組合K棒、重大圖形特徵 出場： 進場條件消失、停利達標 停損：轉折前高前低失守、 　　　固定點數停損	指標：鈍化還有鈍化、背離 　　　還有背離 控制交易頻率： 勿過度交易、5筆內／日 完整交易紀錄： 目標走勢、交易規則、 每日操作紀錄

資訊來源：作者整理

圖 27-1 日內短波段交易系統

Chapter 28 日內短打交易系統（剝頭皮交易）

　　簡單來說，就是快進快出、超短線交易，這是我在剛接觸期貨時學習到的交易模式。這個方法沒有要訣，就是：天下武功，唯「快」不破。只要你的速度能跟上行情變化，就像在打電動玩具「跑跑卡丁車」，高手打起來行雲流水，菜鳥則是一路跌跌撞撞。不過這種方式對於交易者來說，是救命一絕，我常在交易不順暢的日子，用這種做法來逆轉勝當天的交易。

1. 當日交易方向

　　這種交易者，基本上沒有方向性，講求的是「速度」，我常戲稱這是搶銀行式的操作，你搶銀行的時候，搶到錢了一定要快快離開，不然難道要等警察抓你嗎？那如果沒搶到錢呢？沒有了金錢的重量負擔，不是應該跑得更快嗎！

2. 進出場週期

　　用這種方式操作的時候，1分K線已經是極限了，再長的K棒週期，無法滿足速度感的操作。過去撮合速度慢的時候，會用tick線去觀察，一般來說秒K是必要的（3秒~5秒）。

3. 交易頻率

　　我早年操作這種交易，曾經創下一天超過千次的進出，一天300分鐘的交易時間內，如何打到千次？這種交易只有一個特性：有速度的時候就進場。每次進場後，用交易系統自動帶出停利單，這個停利的區間也許只有5~8點，所以會有一邊進場，一邊打掉自己停利單的情況，當速度不見的時候，就把所有部位清空離場，等待下次行情的發動。

　　這種交易有兩個小秘訣，第一、「掌握發動的關鍵點」，這個關鍵點可以是價格，可以是時間。所謂的價格，就是觀察支撐壓力區被突破的時候，看到一批大量單子出現，例如，盤中出現當日新高／新低點。「時間」則是另外一個秘訣，由

於過去幾年市場程式交易崛起，有些交易人仰賴程式進行自動交易，這些交易往往會有一個共同的進場時間，當大家發動的時候，速度也就出來。

這種交易策略，我練成了一套特殊交易叫做「積八點戰法」，不是罵人喔！這個操作是有根據的，至於為何只能8點，不能13點嗎？我有寫過臉書文章並拍成影片說明，有興趣的朋友可以前往觀看。

Facebook:https://www.facebook.com/photo.php?fbid=3623442534348619

YouTube:https://www.youtube.com/watch?v=peDgI9BUwx0

交易特徵	操作原則	注意事項
短停利：5～8點 週期：1K、秒K、Tick 交易速度極快 以量取勝、積少成多 獲利曲線穩定 部位有其限制 權益變化：小賺、小賠	搶銀行式的操作 進場： 簡單K棒組合、走勢圖、 時間、速度盤 出場： 損益達標、走勢發展 早盤決定穩贏 中場減少操作 迅速加碼	多空行情不重要 硬體資源、報價源需求 下單介面： 停損、停利自動掛出、 倒限保護 變形： 獲利不出、拉回不損

資訊來源：作者整理

圖 28-1 日內短打交易系統

全壘打交易系統
（削到爆交易）

棒球賽中最讓人激動的時刻，莫過於一顆小白球飛越過全壘打高牆，此種交易法鎖定的行情目標，就是我們前面所統計的那個振幅分布圖中，右半邊的那一塊。這種交易，也是這幾年市場上一些法人機構培訓出來的交易員，拿來開課教授的技巧。

我身邊有一些交易高手，確實用這種方式致富，請注意是致富喔，不是只有養家活口而已。但是，如同一支棒球隊伍中，並不是每個人都能有全壘打的表現，而這些全壘打王，也不會天天都上演「紅不讓」戲碼，很多時間，他們會因為積極搶攻而揮空棒被三振，有些時候則是因為對手敬遠球而保送上壘。

1. 當日交易重點

全壘打的交易者，每天只注意一件事情，「我要打出全壘打」，所以，必須每次打席都上場。但是在統計資料中，台股交易日有超過七成的時間，日振幅不足百點，對於此類交易者來說，是很容易受傷的。因此全壘打型的交易者自己的好球帶，需要設得更嚴謹一些，可以用幾個方式來篩選。例如：在狹幅震盪多日之後，追蹤行情壓縮後的噴出、籌碼大幅變化的日子、前一日大人壓錯行情的停損，以及國際盤出現大漲大跌的隔日，台股很多時候也會跟著有大行情出現。

2. 進出場週期

一般的 K 棒週期即可，並沒有特殊週期的要求，但是會有比較嚴謹的系統去搭配判斷。分享兩個我常用的工具，「盤中現貨預估成交量」和「權值股動向的強弱」。

3. 交易頻率

這種類型交易者，一天往往只有一到兩個新倉的進場點，盤中多半的時間在找尋機會加碼，很少頻繁進出，因此可歸類為交易頻率較低。交易頻率指的是進出場的次數，前一個交易類型提到的日內短打交易，則是不斷在建立新倉後出場，然後再重新找尋進場機會。

這種交易策略，往往一天就能看到超額的利潤，不過前提是，要能夠在行情極度壓縮的過程中，撐過去，等到紅中好球時，用力揮擊。我有一位好友，就是屬於這樣的操作者，他的紀錄是連續輸錢14天，每天很有紀律輸錢，然後在第15天，一口氣要回過去14天輸掉的錢，你有這個能力嗎？

交易特徵	操作原則	注意事項
停利： 專注50點以上大行情 震盪盤容易受傷 須隨時盯盤 有嚴謹的過濾系統 交易頻率：低 權益變化： 小賺、小賠、大賺	等待紅中直球 判斷走勢強弱： 盤中買賣力道、 權值股動向強弱 加碼機制： 走勢出來時追殺不手軟 拒絕誘惑： 權益拉回要能抱牢	損失控制 嚴格執行進出場紀律 不放過任何一個可以 敲全壘打的機會

資訊來源：作者整理

圖 29-1　全壘打交易系統

Chapter 30　找出適合你的交易

　　三種交易屬性你喜歡哪一種？雖然全壘打是每個人都想要的，市場上也不斷可以看到「抓住趨勢吃一波」這樣的交易口號，但是，上述幾種交易類型中，全壘打是最無法靠後天練成的。

　　法人訓練出來的交易員，在學習的過程中，用的是公司的資金，同時公司有嚴格的風控機制，這樣的訓練過程中，讓他們同時學會兩件事情，第一、風險控管優先；第二、當行情出現的時候，豐厚的資金部位，可以讓他們獲得加乘的收益。因此，雖然日振幅出現的機率相對低，但是可以用資金優勢來抵銷。

　　可是一般的交易者，往往缺乏的，就是嚴格的風控機制及豐厚的資金部位。當交易發生虧損時，無法嚴格執行停損，手上部位永遠都是一口單。「平注必輸」是交易前輩杜昭銘（Parkson Dow）常耳提面命的交易鐵律，可是也是業餘交易者最大的痛。

▎「日內短打」當沖必會的基本功

　　既然全壘打很難，於是有些人選擇操作日內波段交易。有沒有聽過一句話：「人多的地方不要去！」大家都在那邊搶，你怎麼覺得你有優勢搶得過別人呢？過去幾年來，上百場的分享會中，常問大家一個問題：「在場的朋友，有沒有人覺得和我PK交易會贏我？」「如果沒有，你們為何要和我在同一個市場爭搶，你們的勝算又在哪？」所以，不要直接想找到一套速成的心法，或是一本讓你馬上就能致富的書（你現在看的這本書除外），我想要讓你知道的是，如何找到適合你自己的交易方法。

　　前面提到全壘打不容易，日內波段交易競爭激烈，因此我認為「日內短打」才是當沖交易人必須要會的基本功，而我自己也是從此打下根基的。對於上班族來說，也是比較容易上手的交易方式，只要掌握幾個特定的時間觀察，有機會才出

手，搶完就走，輕鬆愜意。可是這個交易在台指期有一個大麻煩，在這幾年台指期日成交量萎縮的情況下，交易部位不容易放大操作，你無法一次出手50、100口，過大的部位進場，行情沒有如預期般發動，往往出場就自己踩自己，造成嚴重的滑價損失，這一點必須留意。

・日內短打
　・數秒～數十秒，最長只有幾分鐘。賭博成分比較多。

・日內波段
　・當天結算的操作風格，K棒從分線為主。

・全壘打交易
　・持有部位數高，靠市場的大波浪獲利。

・留倉交易
　・持有部位相對長，數天／數週／甚至更長。

（箭頭標示：短 ← 持有部位時間 → 長）

圖 30-1　「日內短打」是新手介入期貨交易的好途徑

Chapter 31 脫離魯蛇的兩招

當沖策略三個屬性之外，還有兩招是我希望在大家上路前，一定要學會的。

第一招就是「做右邊」。

「右邊」是什麼樣的概念？在說右邊之前，先來談談左邊交易。從開始學會買賣這檔事情之後，我們就被教育只能做左邊的交易，買東西前要再三比價，就連證交所的公開資訊都幫我們整理出來這些關鍵資訊。按照證交所網頁說明：

殖利率：每股股利／收盤價 × 100%，其中每股股利採用該公司近期每股配發之盈餘分配之現金股利（元／股）＋ 法定盈餘公積、資本公積發放之現金 （元／股）＋ 盈餘轉增資股票股利（元／股）為計算基礎。

本益比：收盤價／每股參考稅後純益，其中每股參考稅後純益 = 該公司稅後參考純益／發行參考股數，當每股參考稅後純益為0或負數時，則不計算本益比。

股價淨值比：收盤價／每股參考淨值，其中每股參考淨值採用公開資訊觀測站公告之最近一季每股參考淨值，於102年5月中旬之前採用該公司最近一季淨值除以除權變動之採樣股數為推計基礎。

▌須留意越買越便宜背後的風險

從以上說明中不難發現，這三個關鍵資訊都和股價連動，股價低的時候，殖利率變高，本益比變低，股價淨值比變低。市場有一些人認為，此時的投資價值才是高的，於是開始進買股票。這中間其實有一些矛盾，例如：股價淨值比過低，往往是虧損或是營運不穩定的公司；而本益比高，通常是市場對於公司前景看好才會買進股票。不過市場有一派對本益比的解讀是：本益比倍數越小，表示越便宜。

你要買便宜還是買貴？這應該不用我解釋，看到百貨公司週年慶、雙十一購物節那種瘋狂買氣，肯定是便宜才買，但是你絲毫沒注意到，越買越便宜背後的風險。

108年10月14日 個股日本益比、殖利率及股價淨值比

每頁 10 ▼ 筆

證券代號	證券名稱	殖利率(%)	股利年度	本益比	股價淨值比	財報年/季
1101	台泥	10.04	107	9.47	1.15	108/2
1102	亞泥	6.53	107	10.29	1.02	108/2
1103	嘉泥	5.42	107	11.53	0.54	108/2
1104	環泥	5.36	107	11.04	0.69	108/2
1108	幸福	0.00	107	-	0.70	108/2
1109	信大	4.51	107	6.41	0.96	108/2
1110	東泥	0.58	107	285.00	1.14	108/2
1201	味全	3.16	107	6.14	1.83	108/2
1203	味王	3.75	107	13.39	1.32	108/2
1210	大成	5.42	107	14.14	1.58	108/2

上頁 1 2 3 4 5 ... 94 下頁

$$\frac{股價}{每股盈餘} \qquad \frac{股價}{淨值} \qquad \frac{現金股利}{股價}$$

圖 31-1 基本面選股最常用的三大指標

越買越便宜背後的風險是什麼？舉例來說，某檔股票今年配發股利是5元，當股價來到100元，換算殖利率算就是5%，這比定期存款的利息高多了，標準的「定存概念股」，如果此時你選擇買進股票，恭喜你，你上鉤了！接下來股價如果繼續往下跌，越來越便宜的股價，會讓你更想進場，買進更多。因為當股價來到50元，你的殖利率變成10%了，你會越買越開心。

▌嚴守「右邊交易」，上漲只能做多

讓我告訴你殘酷的真相，在股價下跌的過程中，你不但沒有賣掉虧損的股票，反而因為當初買進的理由——「殖利率」很高，所以越買越多。或許績優股可以這樣買法，不過很可能你買進的是下跌標的，這是風險非常高的交易行為。

好不容易盼到股價反轉了，你覺得這樣的投資人想的會是什麼事情？套牢已深的股價，好不容易回到進場點了，你們是繼續抱住？加碼買進？還是逢高獲利了結？大家都知道，要讓獲利奔跑，but，大腦告訴你要抱住，但你的手卻會不由自主地掛出高賣單。我常問分享會的朋友，手上有持股的人，有沒有每天開盤後就掛出漲停板賣出股票的習慣？每當我這麼問，總會聽到一些竊笑聲，包含現在看書的你，是否有一種被說中的感受？不用懷疑，這就是人性，這就是正常投資者的交易；但是，正常人是很難在交易中獲利的。

「左邊交易」就是這種狀況，在行情下跌的過程中「買進」，而在行情上漲的過程中「賣出」，這是非常合乎人性的交易。很不幸的，在期貨交易中，這樣的交易通常下場是不好的。既然我們都已經習慣這樣的交易模式了，要如何改變呢？這也就是過去幾年我不斷分享的，請做「右邊交易」，在行情上漲的過程中，你只能做多；相反的，在行情下跌的過程中，你才能做空。我不做買進和賣出，因為中間有空手的時候存在。

現金股利 5 元		
股價	殖利率	備註
100	5.00%	5／100
90	5.56%	5／90
80	6.25%	5／80
70	7.14%	5／70
60	8.33%	5／60

資料來源：作者整理

圖 31-2 跌了股價賺了殖利率是好事嗎？

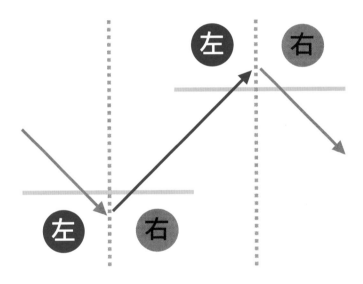

圖 31-3 行情上漲買進，而非賣出

Chapter 32 右邊交易是順勢還是逆勢

我過去幾年每天都在盤前分享「盤前規畫」，收盤後也會貼出當天進出的資訊，常有人會質疑我，為何做逆勢進場的交易？市場上多半聽到順逆勢交易，絕少有人用左邊右邊來定義。

「右邊交易」就是百分之百的順勢交易，當初在介紹這種進場方式的時候，就是想推廣順勢交易，只是多數人講順勢，卻無法說明到底順什麼？也因此，有些交易者會出現「右邊交易是順勢還是逆勢？」這樣的疑惑。

▌看小週期K棒，做順勢交易

圖32-1是2019／11／12的行情，我在紅色圈處的位置進場，進場理由是：過高後出量收黑K進場做空。同時你會看到，當時下方的K棒，還是紅色的，這時候會讓人產生錯覺，認為我是在做逆勢交易。這中間最大的差別，單純就是看的「時間框架」不同，我看的是上方1分鐘K棒，下方是15分K棒。

而交易討論的重點是：

第一，永遠不要和不知道你操作週期的人討論行情。

第二，永遠接受看法跟你不同的人，因為你們看法不同，這筆交易才會成立，兩個看法一致的人是不會有交易的。

第三，交易中除了隔日的跳空外，一定是由最小週期的K棒開始出現反轉訊號，這又應驗了「天下交易，唯快不破」的道理存在。

「右邊交易」現在清楚了嗎？如果還是不清楚，一樣的，我有公開的影片解說，只要搜尋鍵字「交易醫生」或是「右邊交易」就能找到影片說明。「右邊交易」的優點還有什麼？它可以一併幫你解決當沖交易的另一個難題——「停損」。

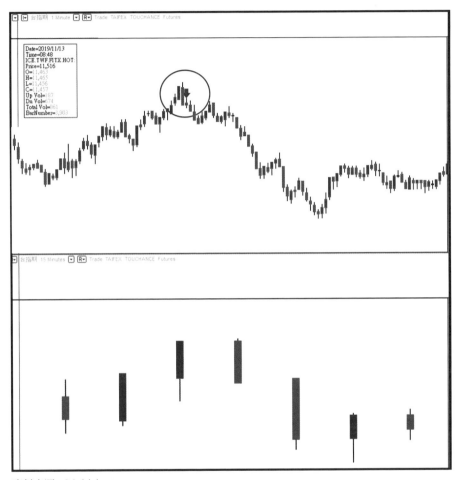

Date=2019/11/13
Time=08:48
ICE.TWF.FITX.HOT
Price=11,516
O=11,463
H=11,465
L=11,456
C=11,457
Up Vol=187
Dn Vol=574
Total Vol=661
BarNumber=3,903

資料來源：Multicharts

圖 32-1 反轉一定由最小時間 K 線出現，下方 15 分 K 還在上升，1 分 K 已經開始反轉

Chapter 33 停損反而會賺錢

大家都討厭停損，其來有自，「厭惡損失」是人的天性之一，心理科學家做過這樣的實驗：

第1組實驗：被實驗團體先行持有1,000單位的現金。在此基礎上做出選擇。

A.50%的概率將持有的現金增加為2,000。

B.100%的概率將持有的現金增加為1,500。

此實驗中，被實驗團體的16%選擇了A，84%選擇了B。

第2組實驗：同實驗團體先行持有2,000單位的現金。在此基礎上做出選擇。

C.50%的概率損失1,000單位現金

D.100%的概率損失500單位現金

實驗中，A選項和C選項最終手中持有現金是1,000或2,000的概率都是50%。相對的，選項B和選項D最終手中持有現金是1,500的概率是100%。此實驗中，同實驗團體的69%選擇了C，31%選擇了D。透過此實驗我們可以觀察到，人類面對同樣數量的收益和損失時，認為損失更加令他們難以忍受，這就是後來金融心理學中一個重要的現象。

▊停損後往往會買到更有利部位

過去幾年的交易生涯中，因為強調做右邊的交易，同一天盡量做同一邊的交易，我觀察到一個很有趣的情況：往往在第一次損失之後，會買到更有利的部位。例如：做多停損後，可以多到更低；相反的，做空停損後，有機會空到更高。嚴格執行停損後再進場，當行情出現如預期的反轉走勢，我們的操作反而變成賺錢。

這個論點當然會有人質疑我是畫線給大盤走，大盤並不是每次都會打到停損

點後就反轉，如果不天天看盤，是無法從量化的結果中得到這樣的答案的。我在2018年11月30日，前往逢甲大學分享會的途中，在休息站寫了這篇文章，那是當天一位朋友的真實進出紀錄，有興趣的朋友可以觀察，結果是否出現了：停損後的「同向」、「再進場」，請記住這是兩個不同的規則，都要做到。https://www.facebook.com/photo.php?fbid=3036972146328997

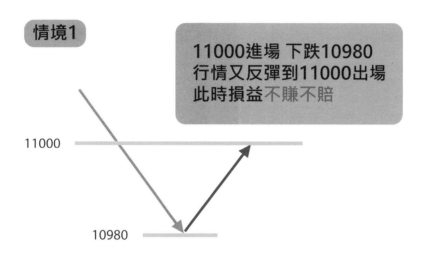

情境1

11000進場 下跌10980
行情又反彈到11000出場
此時損益不賺不賠

11000

10980

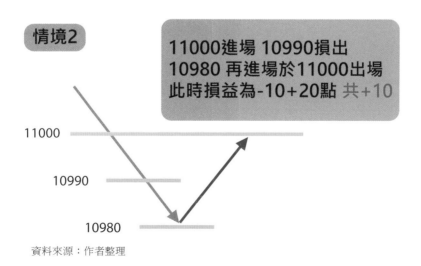

情境2

11000進場 10990損出
10980 再進場於11000出場
此時損益為-10+20點 共+10

11000

10990

10980

資料來源：作者整理

圖 33-1 停損後再進場，反而賺錢

Chapter 34 停損怎麼設定

如果你會問這問題，這表示你慢慢接受了「停損是好的」這個概念。讓我們串起前面的「右邊進場」一起來看，是否每次都會在行情從左邊轉為右邊的時候進場？你有發現一個神奇的事情嗎？在你進場的時候，你的旁邊都有一個近期低（做多的時候），或者是近期高（做空的時候）。

這個相連的低點或者高點，就是拿來作為停損點最好的選擇。當行情在往下跌的過程中，我們透過事先的規畫（支撐壓力區），或者盤中特殊的狀況（大量反轉），找到一個合理的進場位置，但是我們並不會「預先」掛好委託單在那邊等待，因為一般券商的委託單都是掛好價格後，到價就開始撮合交易，行情只要能越過你的掛價就保證成交。

▍機械化交易，安全卻無趣

因此，我過去幾年開發出一個下單機，可以透過事先選擇好操作的方向，然後設定觸發條件，這條件包含兩個：第一、觸發的價格如圖上的「2」，在行情跌破那個價格後，此條件即被觸發，等待第二個條件成立。第二個條件，就是當價格確實出現反轉（甚至可以加一個固定的點數做濾網）。在滿足兩個條件後，此工具就會自動執行委託單進行交易。

同時，這工具還能配合操作者的選擇，在完成進場的同時，一起丟出一組 OCO 單（one cancels the other order），去做停損停利的掛單，徹底實現了半自動化交易的架構，半自動化的好處是可以自己設定進出場價格。成效如何？這個免費的工具推出大約兩年了，有在使用的朋友會在每一季到期後重新申請，表示這工具確實能幫忙他們賺到錢。但是也有很多朋友下載後，使用期限過期了卻沒有和我聯絡，這一些就是沒有在使用的，怎麼不使用呢？因為這工具剝奪了大家交易的樂趣。純機械化的交易，沒有買馬票進賽馬場的刺激，很多交易人無法接受。

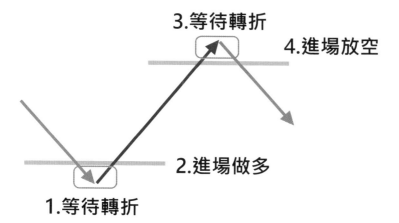

3.等待轉折

4.進場放空

2.進場做多

1.等待轉折

圖 34-1 跌破低點再漲破，做多；漲破高點再跌破，放空。
停損就用轉折高低點作為參考價。

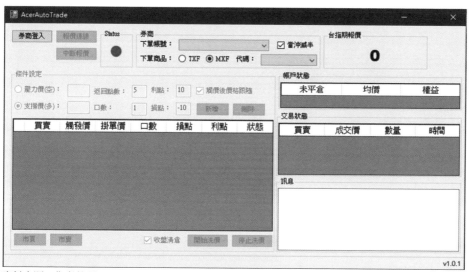

資料來源：作者整理

圖 34-2 要活用交易軟體（筆者自行開發的下單機）

第四篇
上陣交易

Chapter 35　交易人的一天

　　多數朋友會好奇，覺得交易人的一天多麼光鮮亮麗、多采多姿。不可否認，身邊確實有一些朋友的生活是如此，這些朋友有部分是程式交易者，盤中只要電腦運作正常，不需要盯著盤操作。但是當他們在熬夜開發策略時，我們是在睡夢中養精蓄銳，準備明天的戰鬥。

　　2018年7月29日，我有幸邀請幾位交易高手，有台指期當沖界幾乎無人不曉的「自由人」、他的好同學也是股期高手「點石成金」，以及當時還在統一證自營擔任法人交易員的「C哥」，現場分享了各自的交易專長。飯後的聚餐中，點石成金說了這麼一句話：「你有多自律，就有多自由」。回首想想我這幾年的交易，也是秉持這樣的態度。

▋不必照單全收，將部分工作委託專家

　　這一單元我們將會按表操課，告訴大家每一天我們做些什麼事情，開始跟著我，進入當沖交易之路。當然，你也可以選擇把部分的工作委託專家，例如籌碼的整理和判讀、盤勢的計畫、支撐壓力的安排，讓專業人士為你服務，自己則專注在盤中的操作和盤後的檢討。

盤前規畫

　　整合前一日台股相關籌碼、台指期夜盤資訊、國際股市漲跌狀況。

　　配合日本／韓國、美股期貨電子盤，準備開盤策略。

盤中策略

　　現貨開盤、香港中國開盤、中國午盤開盤、台股收盤前部位處理。

　　特殊交易時間和空間的檢驗。

盤後檢討

　　每日進出檢討，每週交易檢討。

日期	時間	工作內容
前一日晚上	21:00	籌碼整理
交易當天	07:00	國際股市資訊整理、規劃盤勢、找尋支撐壓力區
	08:00	開啟交易軟體
	08:30	觀察開盤撮合狀況
	08:45	準備操作、跳空策略
	09:00	現貨開盤、準備操作 ORB 策略
	09:15	ORB 策略進場、當沖交易程式進場
	09:30	中港股市開盤情況
	09:45	波段程式發動機會
	10:00	早餐 做家事
	12:00	午餐行情
	13:25	現貨收盤前撮合交易
	13:40	期貨收盤前撮合交易
	13:45	午餐 小休片刻
	14:50	期貨電子盤盤前資訊
	20:30	盤後檢討
	21:00	籌碼整理
	21:30	美股開盤
每週五 當週交易檢討		

資料來源：作者整理

圖 35-1 你有多自律，就有多自由

100 Pictures
Chapter 36 盤前準備

　　台指期的籌碼整理，我通常會在前一天晚上完成，自從2009年開始接觸期貨之後，除了早期回朔自2007年的資料外，迄今每一個交易日我都會把相關資料輸入電腦備用。至於蒐集哪些資訊？稍後會有說明。早上我們只要針對幾項資訊來做判斷。

　　以下以我每天早上提供的盤前規畫內容來做說明，這個資料我從1992年開始公開分享在網路上，上半段大概是現貨的買賣超資訊，重點不外乎外資的買賣超部位。同時，我也習慣保留前一日的部位，這樣做的好處是，不僅只用買進賣出來判斷。以右圖的交易日為例，可以看到外資當日買超35.16億元，但是前一天的買超是49.82億元，買力已經減弱，要多留意，而不是一味認為行情會持續上漲。

▍融資是反指標，還是SmartMoney ？

　　另外要提醒的是，外資的買賣超金額異常時，請多做一個功課，進去檢查一下買賣超的內容，特別是OTC的標的，這幾年有不少ETF的發行，外資常常會有大幅的買賣超，光看數據會容易誤判。

　　接下來是信用交易部分，過去市場上都認為融資是反指標，融資是散戶指標，在我開始投入股市之初，融資信用交易確實被很多散戶使用，但是幾次的股市崩跌，加上這幾年衍生性商品興起，真正融資交易的人，其實已經有相當大的變化。我稱這一個現象為SmartMoney，看到他們在崩跌的市場中進去抄底，往往市場兩三天內就有反彈，所以不能再用舊思維去看待融資交易。證交所的所有資訊中，多半下午就可以看到資訊，唯獨此項資訊（信用交易）最晚提供，通常要到當天晚上八點半才會公告，所以我要在九點鐘過後才能整理籌碼資訊。

　　接下來就是國際股市的漲跌行情紀錄，我特別加了兩個資訊，EWT和摩台電子盤。EWT是iShares 發行的 ETF，追蹤指數為MSCI Taiwan 25／50 Index，摩台電子盤則是追蹤台股夜盤的漲跌資訊。

2019 年 11 月 11 日　盤前規劃

集中市場三大法人&八大行庫買賣超 / 單位：億元

集中市場	買超	賣超	淨買賣	前日水位
投信	22.88	18.49	4.39	-1.76
外資	358.45	323.29	35.16	49.82
自營商	64.52	60.18	4.34	-8.02
八大行庫			1.67	6.44

店頭市場三大法人買賣超 / 單位：億元

店頭市場	買超	賣超	淨買賣	前日水位
投信	4.19	11.52	-7.33	-4.10
外資	46.54	49.63	-3.09	-24.56
自營商	17.76	19.66	-1.90	-17.84

信用交易增減 / 單位：張、億元

信用交易	融資增減（張）	融券增減（張）	融資餘額（億）	融資餘額增減（億）
	10712	-10818	1417.40	4.39

外資&自營商期貨部位變化 / 單位：口(大小台合併計算)

期貨留倉部位	多單		空單		淨單	前日水位
外資	75856	▼	24029	▼	+51826(-1474)	+53300
自營商	15595	▲	13921	▼	+1674(+656)	+1018

國際股市漲跌統計

國際股市	收盤價	漲跌幅	國際股市	收盤價	漲跌幅
日本(日經)	23391.87	0.26%	上證綜合	2964.18	-0.49%
韓國綜合	2137.23	-0.33%	香港恆生	27651.14	-0.70%
台灣	11579.54	-0.23%	道瓊	27681.24	0.02%
英國	7359.38	-0.63%	那斯達科	8475.31	0.48%
德國	13228.56	-0.46%	標普五百	3093.08	0.26%
法國	5889.70	-0.02%	費城半導體	1736.78	0.53%
EWT	40.16	-0.59%	摩台電子盤	440.60	0.07%

本日支撐壓力規劃

盤勢規劃 多空分界 11607			
支撐一	11558	壓力二	11698
支撐二	11505	壓力一	11647

外資選擇買賣權契約金額變化

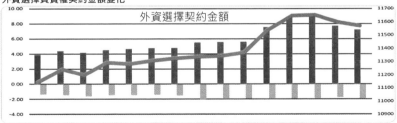

外資選擇契約金額

資料來源：作者整理

圖 36-1　盤前規畫用的參考資訊

Chapter 37 國際行情如何影響台股

對於國際行情，按照工作時區可分成三個區塊，分別為亞洲交易時區、歐洲交易時區和美國交易時區。這三個時區相互牽引，也互有影響。常聽到一些投資朋友說，台股領先美股，這樣的論點到底有沒有意義呢？

太陽每天從紐西蘭、澳洲先升起，台灣時間上午八點左右，日本、韓國兩個市場接著開盤，過去（2015年6月前），台股沒有盤前撮合資訊揭露，我慣用日本和韓國每天開盤的漲跌百分比，推估台股當天開盤的狀況，現在當然不需要了。不過，台股在開盤後的前30分鐘，確實很容易複製日韓當天的走勢，特別是當兩個市場走勢一致的時候，例如跳空開高後拉回，或者開平盤後往上（或往下）緩步漲跌。

台股九點開盤後，自然就等待香港和中國開盤，台股和港股的市場關聯性不大，但是2019年下半年開始，香港的民主運動造成香港股市的波動，很常影響中國股市甚至亞股。

▌道瓊漲跌和台股並無顯著關聯

亞股收盤後歐股開盤，接著歐股的盤中美國開盤。歐洲和台灣的關聯性強不強？曾看過一份分析報告，全球和台股連動性最高的竟然是英國前一百大指數Cboe UK 100，相關係數高達0.9。不過這樣的應用要注意時間差，因為我們收盤後才換英國開盤，如果想用這個資料，也許應該找前一日全球股市的漲跌，誰影響台股機率最高。

我統計了道瓊指數從2010年開始的資料，扣掉兩邊有放假的日子（共2365個交易日），比較道瓊漲跌和台股的幾個關聯性，之間並沒有顯著的關係。不過我們可以用歐美七個指數的漲跌狀況，判斷全球股市是穩定趨勢還是震盪盤整。

這個表可以觀察到，美股的漲跌，確實會影響台股隔日跳空或者開低，不過

這邊並沒有嚴格過濾漲跌點數和跳空空間，畢竟漲一點和跳空開高一點都符合。但有趣的是，美股收漲跳空開高後，反而容易收黑（收盤價低過開盤價）；相反的，美股收跌的隔天，卻是收紅K棒（收盤價比開盤價高），這個發現對當沖交易者，反而會比較有意義。

美股收漲天數 1299（天）					
跳空開高	833	64%	跳空開低	466	36%
收盤上漲	751	58%	收盤下跌	548	42%
收紅	611	47%	收黑	688	53%
美股收跌天數 1064（天）					
跳空開高	633	59%	跳空開低	431	41%
收盤上漲	519	49%	收盤下跌	545	51%
收紅	613	58%	收黑	451	42%

圖 37-1 美股對台股的影響，超過 55% 代表有顯著性

美股收漲 1% 天數 255（天）					
跳空開高	164	64%	跳空開低	91	36%
收盤上漲	153	60%	收盤下跌	102	40%
收紅	102	40%	收黑	153	60%
美股收跌 1% 天數 228（天）					
跳空開高	118	52%	跳空開低	109	48%
收盤上漲	92	40%	收盤下跌	136	60%
收紅	151	66%	收黑	77	34%

資料來源：作者整理

圖 37-2 美股漲跌幅用 1% 作為濾網，效果更為顯著

Chapter 38 美股送分題

　　前面提到了，台股在美股出現跳空開高開低的情況下，往往日內會出現相反走勢。美股收漲，台股開盤跳空開高然後收黑K；或者美股收跌，台股開盤跳空開低然後收紅K。當我們把前一個統計表範圍再限縮，統計在美股（道瓊指數）帳跌幅超過2%的情況下，隔天台股的走勢情形，得到的數據會更明顯。

　　2018年11月28日美股指數大漲，四大指數漲幅都超過2%，同時當天外資在期貨的布局已經做了多單進場、空單退場。這種狀況，一般交易者很容易在當天開盤追多，但是台股的黑手如果這麼善良，台股市場就沒有那麼多冤魂了。當天期貨開盤跳空開高，然後現貨開盤後又攻擊當天高點一次。然後行情開始反轉往下，當天收了一根大黑K棒，台指期貨開盤價9,984收盤價9,877，一百多點的空間，讓所有當天早上因為看到美股大漲而衝進去做多的朋友，全部陣亡。而當天追空的朋友呢？如果是當沖，就恭喜你了，但如果是留倉的波段交易，兩天之後，行情一口氣衝到10,151點，又是一個逆轉行情。

▌美股漲跌超過2%，台股走反向機率高

　　我觀察籌碼資訊超過10年，上述的情況，每年總有個五、六回，多方格局中，黑手通常用這個方式洗盤，讓做多的波段交易者下車，甚至轉向。空方格局中，台灣市場的另外一個大主力則會適時地出現。台灣在颱風天有護國神山——中央山脈；在台股市場中，也有一股特殊的力量，總能在市場一陣恐慌中，殺得空方片甲不留。

　　要如何避免這樣的狀況發生呢？就是把這種異常的狀況，特別標示出來，當做每天交易前檢查的功課。這個回測從2010年開始，美股（道瓊指數）出現當日漲跌幅超過2%時，台股當天反向走勢的機率反而高。分享給各位讀者，希望未來大家遇到這樣的交易日時，能避開黑手的狙擊。

美股收漲 2% 天數 43（天）					
收紅	15	35%	收黑	28	65%
美股收跌 2% 天數 63（天）					
收紅	47	75%	收黑	16	25%

圖 38-1 美股大漲時，往往是台灣黑手進場時，要小心，當日行情看到相反走勢機率非常高。

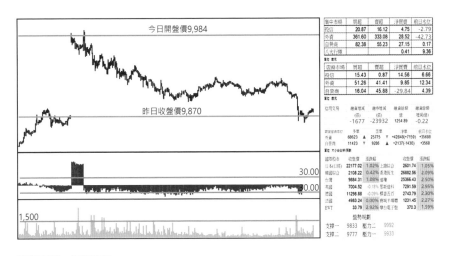

資料來源：作者整理

圖 38-2 2018／11／28當日台股走勢，前日道瓊指數上漲2.50%，台股出現跳空開高後一路往下走，盤中回檔超過百點。

Chapter 39 支撐壓力規畫

過去幾年只要有開課，總會遇到類似的問題：「老師，這次會教支撐壓力怎麼畫嗎？」似乎我的功夫只有那5條線。我自2012年開始公開自己的盤前規畫，2013年10月1日改版內容後，每天皆在開盤前規畫出來四條支撐和壓力線，作為當天進出場的重要依據。

對於「支撐」和「壓力」，一般交易人多有誤會。當看到日內行情就在線上一點不差的出現反轉訊號時，彷彿看到交易大神在對你招手，坊間也有很多種計算方法，不管是用公式計算籌碼推估，用選擇權的未平倉資訊去推估。我過去也花了相當多的精力去研究，試著透過3種不同方式（下個單元解說）找到那些關鍵價位。結果呢？不瞞各位，當時我因為轉折點抓得神奇，所以非常喜歡在關鍵價格上預掛進場單，多半時間是蠻準確的，甚至一天內的高低點都被我掌握到。

▌等支撐、壓力測試過了再進場

還記得前面分享的「右邊交易」和「停損」那兩招最高心法嗎？當年的我就是還沒參透，反而是自以為神，天天在猜頭摸底，第一道支撐撐不住，就等第二個支撐再用力加碼──輸錢加碼其實就是攤平，最後的結果，以前的交易之神，變成了神經病，天天就想找更準確的方法。

直到有一天，想透了：「一樓的天花板（壓力區），不就是二樓的地板嘛（支撐區）！支撐和壓力，不過就是一線之隔，與其掛在那邊等著行情來打，何不晚一兩分鐘，等待測試過後再進場？」這時交易神經病突然不藥而癒，任督二脈也全然打通。

支撐壓力怎麼規畫，說穿了，只有兩個重點。請用心記牢：

第一：行情的發展都是左邊的延伸，只有白花花的銀子，才是真正的支撐和壓力。

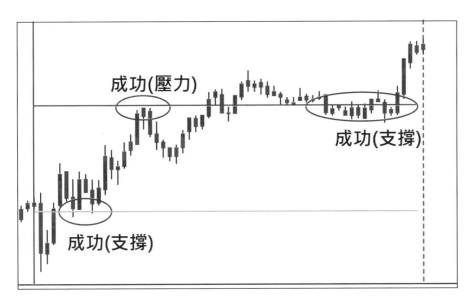

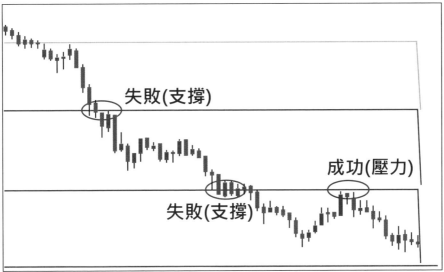

資料來源：Multicharts

圖 39-1　壓力、支撐，「測試過」才算數

第二：支撐和壓力就是一線之隔，沒有測試過的支撐和壓力，請千萬不要冒著生命危險進場。

從圖39-1中，我們可以觀察到兩個交易日中成功和失敗的案例，這些都是當天早上規畫好的內容，更多案例歡迎到我的臉書粉絲團觀看。

相信一定有讀者不能接受上一個單元的支撐壓力解說，好的，還是來說明一下，我自己過去的三個系統，我稱之為「看」、「算、「畫」。

1. 看：看均線糾結的位置。熟悉均線操作的朋友，應該有一個概念，當均線糾結再發散的時候，都會有一段較明顯的上漲或下跌，如果當沖交易者常用的5分K均線糾結後發散，通常行情可以走50點之上。

2. 算：算的方式有很多門派，券商軟體通常提供了幾種CDP、IVOT、三關價等。這些公式中，我認為三關價在台指相對有效。

3. 畫：畫的方式也有各種門派，有的喜歡畫切線，有人喜愛水平的支撐壓力，我採用的是後者，就是單純用水平的支撐壓力。

▍用選擇權最大未平倉計算恐失真

坊間也有一些人迷信利用選擇權最大未平倉區作為支撐和壓力的計算，這中間存在一個相當大的問題：選擇權和期貨不同，期貨只有多空的分別，選擇權則有買權、賣權，加上每天同時會有週結算的選擇權合約和月結算的選擇權合約，複雜度太高了。

簡單的說，市場多半用「最大未平倉量」來當作支撐（或壓力），我們舉例圖39-2的11900PUT是最大未平倉量，有人會拿來當多方的支撐；可是，你絕對不知道，在這個履約價格中，買方和賣方的組成為何。如果大戶站賣方，他或許想收取權利金死守那個價格；但是如果大戶偏買方呢？那個履約價基本上就是會被打穿。除此之外，更甭論大戶莊家在停損時，會更快速止血。

這邊另外分享一種方法，我使用的工具中，有能計算出來每個價格的成交量能堆積，那個也是一種有效的支撐和壓力，還是那句老話：「錢打出來的，才是最真實的。」

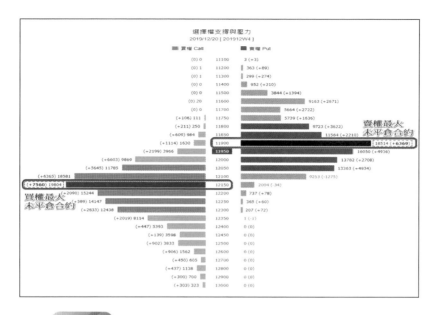

選擇權支撐與壓力
2019/12/20 [201912W4]

買權 Call　　　　　　賣權 Put

(0) 0	11100	3 (+3)
(0) 1	11200	363 (+89)
(0) 1	11300	299 (+274)
(0) 0	11400	952 (+210)
(0) 20	11500	3844 (+1394)
(0) 0	11600	9163 (+2671)
(+106) 111	11700	5664 (+2722)
(+723) 250	11750	5739 (+1636)
(+609) 984	11800	9723 (+3622)
(+1114) 1630	11850	11564 (+2210)
(+2199) 3966	11900	18514 (+6369)
(+6603) 9869	11950	16050 (+4936)
(+5645) 11785	12000	13782 (+2708)
(+6365) 18581	12050	13363 (+4934)
(+7560) 19804	12100	9253 (-1275)
(+2090) 15244	12150	2004 (-34)
(+589) 14147	12200	737 (+78)
(+2833) 12438	12250	365 (+60)
(+2019) 8114	12300	207 (+72)
(+447) 5393	12350	1 (-1)
(+139) 3598	12400	0 (0)
(+902) 3833	12450	0 (0)
(+906) 1562	12500	0 (0)
(+450) 605	12700	0 (0)
(+437) 1138	12800	0 (0)
(+300) 700	12900	0 (0)
(+303) 323	13000	0 (0)

賣權最大未平倉合約

買權最大未平倉合約

圖 39-2 選擇權最大未平倉量，作為支撐壓力的判斷

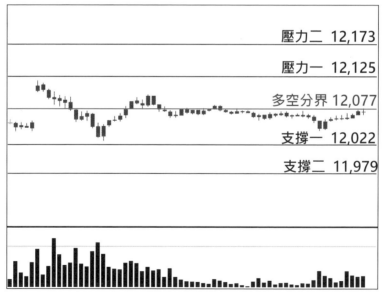

壓力二 12,173

壓力一 12,125

多空分界 12,077

支撐一 12,022

支撐二 11,979

資料來源：Multicharts

圖 39-3 作者慣用水平線去規劃支撐壓力

Chapter 40 跳空處理

規畫好當天的支撐壓力後,我們準備要面臨台股的開盤了。台股只要是開盤日,就會面臨兩種狀況:第一是跳空(開盤跳空幅度超過0.5%),第二是沒有跳空。你一定認為這是廢話,相信應該沒有第三種狀況吧?但是你有沒有去思考過,這個發現可以做什麼呢?

同樣的,還是讓數據來說話。

圖40-1共統計了2,100天的台指期貨交易日,同樣的做法,我檢測過2,500天和3,000天的數據,得到相似的結果。以25點來做一個區間,可以發現台股跳空超過50點的交易日,比例大約是29%。既然比例高達三分之一,我們必須準備好一個策略,以因應當交易日發生跳空時,可以在一開盤就搶得先機。

▋若搭配其他指標勝率更高

前面提到的美股送分題,其實也就是一個跳空交易的特殊形態。針對跳空,市場對於跳空做了很多定義,例如:突破缺口、逃逸缺口、竭盡缺口。由於我們做的主要是當沖交易,我將跳空的操作定義成三種類型,本書會將這三種類型清楚說明。更多操作上的應用,可以在網路上可以搜尋關鍵字「交易醫生」、「跳空SOP」,過去都有網路文章和影片分享過。

單純的跳空操作不看任何資訊,已有相當高的成功率,若能配合其他資訊(指標),例如前面提到籌碼的判斷,或是前日台股收盤後國際行情的走勢,將會更有效提高跳空操作勝率。

另外一個重點,我們比較一下,當台股發生跳空,當天開收盤的振幅空間,也比沒有跳空的日子相對高。

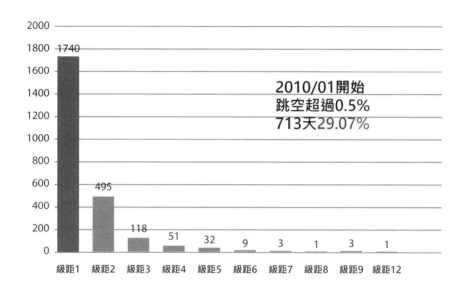

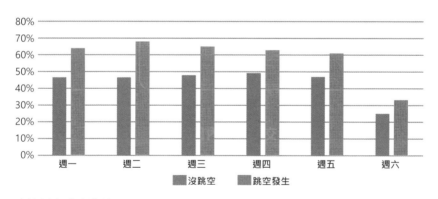

資料來源：作者整理

圖 40-1 跳空出現的交易日，開收盤的振幅比沒有跳空的交易日為大

I. 跳空SOP1

「跳空封閉缺口」是很多人都琅琅上口的操作口號。所謂的「跳空封閉缺口」，就是跳空開高後，跌破開盤價、空單進場。跳空開低的時候，站上開盤價、多單進場，往上做。這種型態是一般交易人很喜歡做的交易類型，為何呢？單純的心理問題，跳空開高後不敢追，又不願意空手，就只能反向放空。

這樣的交易究竟可不可以做？這邊做了回測的資料給大家參考。我用了跳空開高後放空在開盤價下（減N點），跳空開低則是相反進場做多在開盤價上（減N點），進場的時間設定在開盤後30分鐘內執行，進場後只有一個停損30點的條件，如果沒有打到停損，則在當日收盤出場。

▊ 跳空逆勢交易須留意停利

看起來相當簡單的策略，長期執行的結果曲線還蠻有趣的！竟然就是一條左下右上的損益曲線，不過勝率並不高，多空的合併勝率不到四成，這樣低勝率的交易，應該會讓人鄙視。這樣的策略，由於是逆勢交易，較佳的做法應再加上停利條件，例如封閉缺口後就出場，也許可以提高績效。轉換成日內的走勢圖，就是跳空後反向「封閉缺口」，既然封閉了，行情也就結束。

一邊寫書，一邊把剛剛的停利條件加入，果然，勝率就提高到了五成左右，這也是一個交易上需要注意的問題，在這個單元後半段會再補充說明。

我們再來複習一次，跳空SOP1：

跳空開高 跌破開盤價　空單進場 往內做；

跳空開低 站上開盤價　多單進場 往內做。

兩個的停損，都可以抓你進場時的當日高、當日低來做停損的參考點。當然這個停損的大小，也可以是你決定進場與否的條件之一。

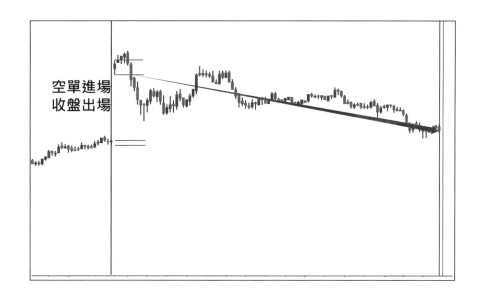

空單進場
收盤出場

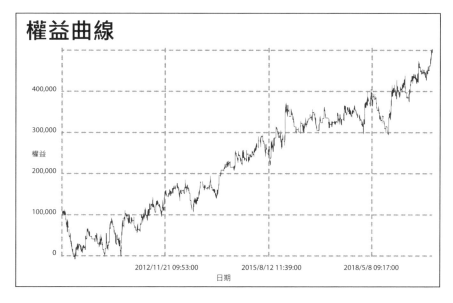

權益曲線

400,000

300,000

200,000

權益

100,000

0

2012/11/21 09:53:00 　　 2015/8/12 11:39:00 　　 2018/5/8 09:17:00

日期

資料來源：Multicharts

圖 40-2 用跳空相反方向操作，勝率不高，但是長期而言獲利為正

II. 跳空 SOP2

前面提的跳空，因為還有基本勝率，當大家操作習慣後，反而容易一不留神，就踩進陷阱。前面的跳空的口訣是「往內做」，另外有一種跳空情況，我們反而是會選擇「向外做」。跳空開高準備做多單，反向跳空開低準備做空單。

我們用圖40-3為例，早上跳空開高後，先往下走，當你習慣前面的跳空 SOP1 操作後，會選擇操作空單進場；但是這個策略應該要反向操作，等跌破開盤價「又站上」的時候多單進場。當操作跳空 SOP1 的交易人沒有在進場後就掛上停損單的習慣時，這些沒有執行停損的人已經被黑手咬上部位開始輸錢。接下來行情通常會再整理幾分鐘，這邊稍作休息的原因是讓那些做錯的人準備加碼。請注意，這時候是輸錢加碼，並不是賺錢加碼，黑手等待的就是這種情況，當你將攤平的部位打進場，行情就會再拉開一大段，然後，就有人要輸大錢了！

▌跳空順勢交易，獲利加碼

這個策略的績效勝率，你們覺得是高還是低呢？由於這個策略是往當天跳空的方向操作，所以我在回測的過程中只有設定停損，一樣是用30點去停損，（如果）沒有打到停損，一律到收盤出場，這個策略的勝率比前一個操作更低，只有三成五多一點，但是績效卻比前一個來得好，有沒有讓你覺得神奇。

另外還有一個狀況可以讓勝率更高，由於台股市場有一隻神秘的魔手，在行情出現跳空下跌的過程中，這隻魔手就會進來摸一下行情，所以這個策略的多空操作勝率差距蠻大，多單的勝率剛超過四成，但是空單卻不足三成。因此，你是否會更勇敢去偏多的操作呢？

此外，由於這是和當天跳空方向同向的策略，對於這種行情，如果能夠加上獲利加碼的機制，就能夠適時彌補勝率比跳空 SOP1 低的困擾。這種行情的走勢，有點像數學符號中的開根號，所以我戲稱這種盤是「根號盤」和「倒根號盤」，你看像不像呢？

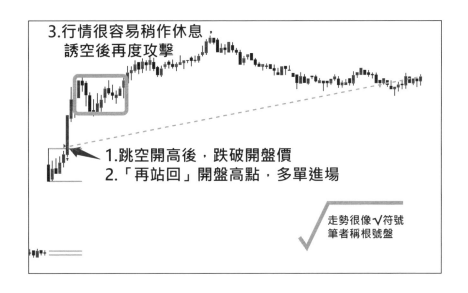

3.行情很容易稍作休息，
　誘空後再度攻擊

1.跳空開高後，跌破開盤價
2.「再站回」開盤高點，多單進場

走勢很像√符號
筆者稱根號盤

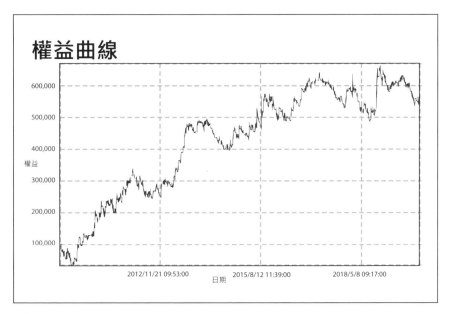

權益曲線

權益

600,000

500,000

400,000

300,000

200,000

100,000

2012/11/21 09:53:00　　　2015/8/12 11:39:00　　　2018/5/8 09:17:00

日期

資料來源：Multicharts

圖 **40-3** 跳空 SOP2 績效優於跳空 SOP1，可以多留意

III. 高勝率的跳空SOPX

熟悉我的朋友，曾經問過我一個問題，既然跳空SOP2的策略，是順著跳空的方向去交易，那可以開盤就直接追嗎？有人認為這個做法是很棒的策略，其實不然，圖40-4下方中可以看到統計的結果。

▌可買在最高或最低，但勝率過低

這個策略之所以稱為SOPX，主要是過去我在網路上沒有公開，不公開的原因是，不是勝率高，所以藏私，而是怕大家錯誤使用後受傷。這邊用了一個方法回測，當日跳空開高幅度超過50點直接追多，當日跳空開低超過50點直接追空；停損分別抓進場後10點停損，也就是行情如果反轉，就有很大機會直接被打出場。在2000多個交易日中間，發生的次數總共593次，操作成功有84次，成功機率僅14.2%。這樣的操作，最大的優點就是，你有機會看到神奇的對帳單，開盤買在當日的最低點或者開盤空到當日最高點，但是多空的勝率不足15%。

有沒有機會把跳空SOPX做到更好？答案是：有的。我們可以用籌碼來協助讓濾網更嚴苛，這樣做的缺點就是進場機會更少，當行情發生的那一天，你不一定會記得進場，同時也因為樣本數太低，對於統計資訊的運用上，有人抱持懷疑的態度。

總結跳空的操作，台指的交易日中，跳空發生的機率大概有三成，對跳空的處置，影響了每天早上第一筆交易的關鍵，同時也因為早上開盤可以參考的資訊最少，誰能掌握最多的資訊，誰就有機會做好跳空策略的執行。

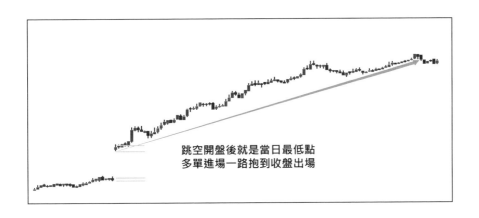

跳空開盤後就是當日最低點
多單進場一路抱到收盤出場

圖 40-4 跳空開出 50 點的操作方法

跳空開高50點發生313次			
	成功	失敗	備註
開盤多單進場，停損10點	42	271	次數
損益小計	2984	-2710	點數
平均獲利／損失	71	-10	點數
總獲利	274		
跳空開低50點發生280次			
	成功	失敗	備註
開盤空單進場，停損10點	42	238	次數
損益小計	3288	-2380	點數
平均獲利／損失	78	-10	點數
總獲利	908		
總發生次數	593		
總成功次數	84		
成功率	12.20%		太低

資料來源：作者整理。

圖 40-5 跳空超過 50 點進場追高殺低操作，成功機率並不高，低於 13%

IV. 不跳空的交易日

處理完沒有跳空的交易日，當然剩下的就是不跳空的情況了，有人會說「沒開盤」，請注意，剛剛的問題是「交易日」，沒開盤不是交易日，多數的交易者沒有注意到細節，很快就犯下錯誤。

你是否有發現，前面介紹跳空交易策略的時候，並沒有提到技術指標。我自己不喜歡用技術指標，原因在於，所有的技術指標都是落後的，最快速的技術指標工具就是 K 棒，然後是均線。其餘你所聽過的各項指標，幾乎沒有一樣不是用價格去加工產生的，那為何不直接看價格就好呢？特別是跳空出現的交易日，如果還是習慣看技術指標操作，技術指標都會出現扭曲，對於不清楚所有技術運作規則的交易者，很容易造成誤判，後面就可以看到跳空之後，對指標的影響。

▌不跳空，技術指標參考價值較大

圖40-6框起來的位置，都明顯觀察到指標有異常的走勢，而各個指標的參數不同，影響的程度又不一樣。圖上第一個指標區可以看到，長短均線中，由於使用參數不同，指標產生的變化度又不一致，這是再簡單不過的基本數學公式，不過一般人使用公式多半只知道怎麼用（用法可能還是錯的），並不會去研究指標的原理，在跳空出現的交易日，很容易在剛開盤的時候出現誤判。

再看圖40-7，由於連續的交易日中沒有出現跳空，這時候技術指標運用起來就非常得心應手。因此，如果你是技術指標的愛用者，請注意，有時候你會對技術指標在早盤出現和經驗的走勢不同而感到困擾，這時請檢查一下，當天早上是否出現跳空？

分享一個彩蛋，這是我喜歡在技術指標中運用的一種操作策略。看出來了嗎？沒錯，就在下方的圖上，技術指標的「背離策略」。

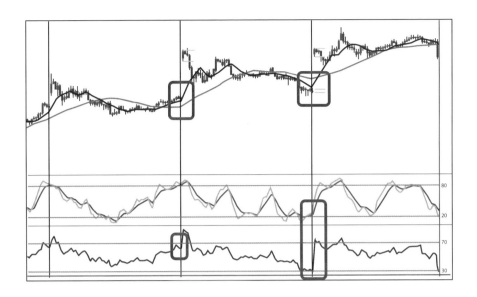

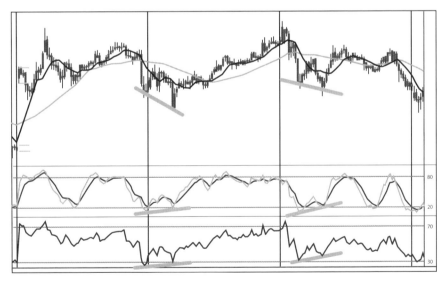

圖 **40-6** 跳空與否對技術指標有重大的影響

資料來源：Multicharts

圖 **40-7** 背離出現往往是機會

Chapter 41 台指當沖技術指標

　　前面有提過，技術指標常因為台指期的跳空特性而出現扭曲，因此不建議交易人把傳統券商的技術分析指標拿來套用，如果已經習慣這樣的操作模式，就必須注意指標參數的影響。圖41-1是常見的均線，虛線是券商軟體所提供的標準模式，實線的均線系統，則是我自行修正的，兩組的均線參數用的都是20。

　　你是否注意到了，由於跳空造成兩條均線中間數值不同，到了什麼時候兩條均線才會一致呢？就是均線參數的設定值第20根K棒之後。如果換算成時間，就是開盤後的100分鐘，也就是十點二十分左右；而台指期，通常在這個時間進入瀕死狀態，均線又開始打平到收盤，直到隔天開盤如果跳空又出現的時候，同樣模式又會再出現一次。

▋技術指標不適合用於日內系統

　　跳空不光是造成技術指標的扭曲，甚至會讓使用者誤判行情而做出錯誤的操作。以圖41-2為例，跳空開低之後，看到均線還在往上走，K棒在均線之上，這兩個都是偏多操作的訊號，交易人如果選擇多單進場，很快就遭受停損。請仔細觀察另外一條我自設的均線，開盤後那條均線是往下的情況，K棒也維持在均線之下，恰好是一個空方進場訊號。

　　談到技術指標，我常分享一個重要的概念：坊間所有技術分析的書籍，通常是建立在日線的系統之上，而這些百年前被開發出來的指標，當時並不是在日內系統使用。後來由於電腦發展迅速，交易者可以快速取得技術指標的數值，以作為進出場的判斷依據，但是常常卻是錯誤的運用。後面我們提一個KD指標來做說明。

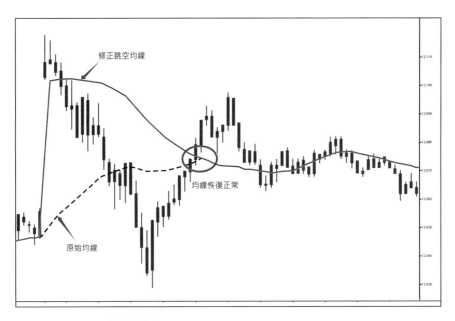

修正跳空均線

均線恢復正常

原始均線

圖 41-1 技術指標跳空時會出現偏誤！

原始均線

均線恢復正常

跳空修正均線

資料來源：Multicharts

圖 41-2

Chapter 42　KD 指標當沖合適嗎

KD指標是美國George C. Lane在1957年原創，全名是stochastic scillator（隨機指標）。從KD指標被廣泛使用了50年可以知道，這指標肯定有一定的參考價值！很多人用了很久的KD，但卻不了解其公式及算法，一個沒有深入了解的指標，你敢用來操作嗎？想必是不敢吧！

現在就來好好了解這個指標吧！一般KD指標的參數設定為9日，計算K和D時，所取的平滑值就用3，因此指標的參數上可以看到（9，3，3）這樣的參數，在算KD之前，我們必須先計算未成熟隨機值（RSV），RSV的意義，就是把9天內股價總波動當分母，當天收盤價跟9天內最低點的差當作分子，衡量當天收盤價在這9天內是相對強勢還是弱勢。接下來公式的計算，我就省略了，直接來看大家常用的交易方式吧！

基本的KD用法有幾種：

1.黃金交叉死亡交叉交易法

當K值由下往上穿越D值（黃金交叉買進），當KD指標的K值由上往下跌破D值時（死亡交叉賣出）。

2.超買超賣區交易法

原則上我們會以KD指標>80以上為「高檔超買」，KD<20以下為「低檔超賣」，一旦KD值到達了上述的超買區或超跌區，行情則有很高的機會反轉，所以指標「大於」80賣出，指標低於20買進。

圖42-1可以看到，黑色箭頭賣出空單，紅色箭頭買進多單，當沖每日收盤出場，進出場的連線紅線是賺錢，灰色是輸錢。可以看到這三天半的交易中，做對10筆交易，只有2筆做錯，恭喜你找到聖杯了。

但，真是如此嗎？下圖是這個策略從2010年開始的回測數據，只有一個字「慘」，這樣的策略真的對嗎？

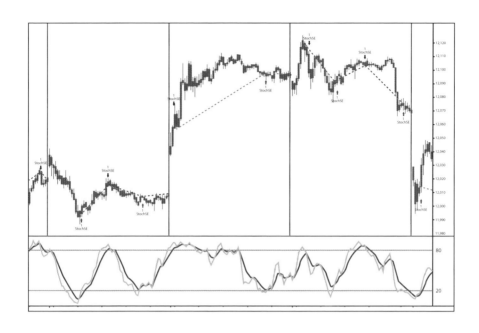

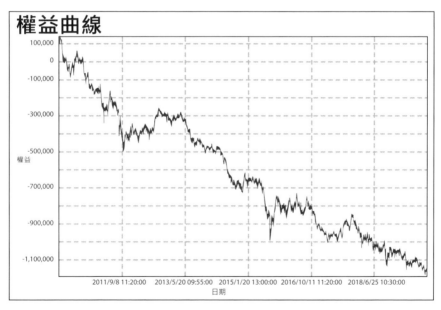

資料來源：Multicharts

圖 42-1 傳統 KD 指標的超買超賣進場績效經回測，很差

Chapter 43 KD 指標策略改造

我號稱「交易醫生」，對於這些策略的改造算是強項。有些做程式交易的朋友喜歡用「最佳化」來得到賺錢的參數，但是這樣的做法很容易變成考古題寫得很厲害，一旦上場用真金白銀交易的時候，就會狀況百出。

先來看看KD策略不同的使用方式跑出來績效如何，我整理了5種進場模式。請大家猜猜看，哪個回測的結果績效最好？

1. K值大於超買區賣出空單，K值小於超賣區買進多單；收盤出場。

2. K值死亡交叉超買區賣出空單，K值黃金交叉超賣區買進多單；收盤出場。

3. D值大於超買區且K值死亡交叉D值賣出空單，D值小於超賣區且K值黃金交叉D值買進多單；收盤出場。

4. K值大於超買區買進多單，K值小於超賣區賣出空單；收盤出場。

5. K值小於超賣區買進多單，D值大於超買區且K值死亡交叉D值賣出空單；收盤出場。

傳統的做法中，1和2竟然是輸錢的，結果在超買區勇敢買進（做多），在超賣區勇敢賣出（做空），反而賺錢了。到底是什麼錯誤啊？這樣的策略，坦白說還不能實戰，因為加上交易稅和手續費，一樣是不能獲得正報酬，還得做一些修正。

經過這樣的回測，你還敢隨意使用技術分析指標來操作台指期當沖交易嗎？如果有所領悟，讀者這本書的花費就太超值了。

那到底有沒有可以用的KD指標策略？不要太灰心，我分享一個可以賺到錢的KD指標交易系統。

既然前面測試結果得知，KD指標用在台指當沖順勢比較有機會賺錢，我就用順勢交易，然後加上K棒在均線價格上，才進場做多，條件相反則改做空單。圖43-1用台指60分線，加上10日均線做濾網，過去幾年的交易績效如圖43-2。

做法	績效	交易次數	勝率	平均獲利	賺賠比
1	-686600	4493	51.88	-152.82	0.824
2	-1179600	4169	51.64	-282.95	0.784
3	-977600	2479	47.48	-394.35	0.905
4	686600	4493	44.96	152.82	1.213
5	-208000	1976	52.18	-105.26	0.833

圖 43-1 不同 KD 指標操作模式的績效

Period	Profit		Gross Profit	Gross Loss	# Trades	% Profitable
	¤	%				
2019	¤58,600.00	8.28%	¤695,800.00	(¤637,200.00)	214	51.87%
2018	¤21,600.00	3.15%	¤1,009,000.00	(¤987,400.00)	230	51.3%
2017	(¤143,000.00)	(17.24%)	¤542,200.00	(¤685,200.00)	231	45.89%
2016	¤163,800.00	24.61%	¤1,007,000.00	(¤843,200.00)	233	51.93%
2015	¤90,800.00	15.8%	¤986,200.00	(¤895,400.00)	239	44.77%
2014	¤45,800.00	8.66%	¤723,200.00	(¤677,400.00)	234	49.57%
2013	¤78,800.00	17.5%	¤727,400.00	(¤648,600.00)	232	55.17%
2012	¤139,200.00	44.76%	¤739,000.00	(¤599,800.00)	224	50.45%
2011	¤107,800.00	53.05%	¤1,138,400.00	(¤1,030,600.00)	223	52.02%
2010	¤103,200.00	103.2%	¤983,600.00	(¤880,400.00)	229	43.67%

資料來源：Multicharts

圖 43-2 2010 年至 2019 年 KD 指數操作績效

Chapter 44 史上最強技術指標

「交易醫生，請問你用什麼樣的技術指標？」類似這樣的問題，通常每隔幾天就會有人私訊問我，而當對方聽到我不用技術指標時，還認為我藏私。為了滿足已經習慣使用技術指標的朋友們，分享一個史上最強技術指標。

目前，市場上的各種技術指標數不勝數。例如，均線（MA）、相對強弱指標（RSI）、隨機指標（KD）、趨向指標（DMI）、平滑異同移動平均線（MACD）、能量潮（OBV）、心理線（PSY）、乖離率（BIAS）、布林通道（BOLLINGER BANDS）等。這些都是很著名的技術指標，在市場應用中長盛不衰。而且，新的技術指標還在不斷湧現。

▌三大指標並用，找對進出場時機

我把技術指標概分成三種類型：趨勢指標、擺盪指標以及動能指標。操作系統中，請盡可能把這3類指標搭配使用，而避免同樣屬性的指標放在一起。我過去也花了很多時間研究所謂的技術指標共振狀態，相同技術指標，長短K棒週期的共振；或是同樣的K棒週期、不同的技術指標堆疊在一起，找同時發生進場訊號的時候才進場。最後發現，這樣的做法只是用過濾器把行情過濾到最佳的時候進場。坦白說，就算進場之後，行情還是不從人願，而且這樣做的時候，容易會有彼此抵銷進出場訊號的情形發生。

一個好的技術指標組合，應該同時選用三大類型，在「趨勢指標」中找尋趨勢進行的方向，然後在「擺盪指標」中選擇進出場點，進出場可以透過「趨勢指標」篩選出，趨勢明顯的時候做單邊進場，然後出場。同時，在趨勢不明顯的時候，發揮「擺盪指標」的專長，低買高賣來回操作。「動能指標」的用途呢？用它來過濾趨勢的強弱勢，這部分主要來處理部位的加減碼操作，是比較進階的用法。這邊把我喜歡用的3個指標標示在圖上，分別是布林通道／KD指標／ADX指標，參數也標示在圖44-2，圖中用5分K線來做範例。

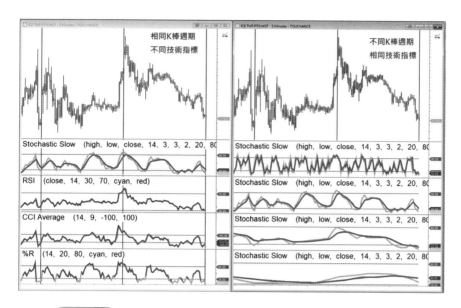

圖 **44-1** 不理想的技術指標配置,只觀察同類型的指標

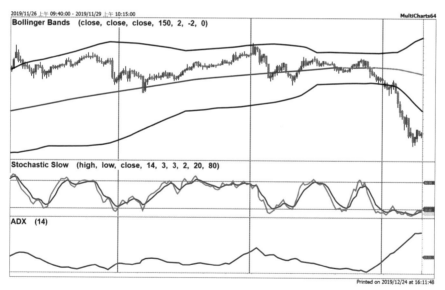

資料來源:Multicharts

圖 **44-2** 理想的技術指標配置,包含趨勢指標、擺盪指標和動能指標

Chapter 45　非傳統 K 棒運用

我不建議用太多技術指標操作台指期當沖，可是卻喜歡用不同種類的 K 棒來做交易，這邊要介紹幾種一般人比較少見、卻有機會幫助大家的交易 K 棒。

I. 量等線

首先，介紹一下「蠟燭線」，分成開高低收四個價格，紅漲綠跌標示出來，這邊不多做說明，請看右邊的兩張圖是同一天的行情走勢，看起來有什麼不同的感覺嗎？乍看之下，下圖每根 K 棒胖瘦不一，圖面雜亂不堪。但是如果把每一根 K 棒當成胖瘦不一的人，胖子站得較穩，要去推動他需要比較大的力道；相反的，瘦子很容易一推就倒。

▌更直觀看懂行情

經過這樣的形容，整個行情似乎就有趣了起來。一早的第一根 K 棒跳空開高，是個紅 K 胖子，被推倒後行情就一路反轉向下，這時行情由黑色軍團掌握住，一直到最低，紅小胖再度扭轉劣勢，紅色大軍向上攻擊，中場過後，行情無法再越過前面的大量盤整區，於是又回到小幅區間內震盪到收盤。

這個 K 棒的名稱叫做「量等線」，各位讀者可以看一下你所使用的券商軟體中是否有這樣的 K 棒格式，如果有，不妨試試看能否更直觀看懂行情。這是利用人類的視覺反應，原本在右上圖的標準圖形中，成交量雖然也標示在圖上，但是上下分列的表示方式，不容易直接連結到 K 棒的「力量」，稍作變化後，很直觀就可以看出，不同的「量」在每根 K 棒上所產生的影響。

是不是很特別呢？趕快打開你的看盤軟體，找看看有沒有這個量等線 K 棒吧！除此之外，另外兩種 K 棒也是我很喜歡介紹給朋友運用的。

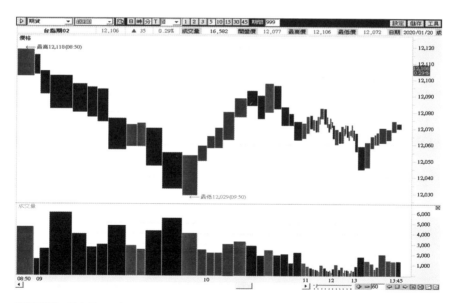

資料來源：元大 Easywin

圖 45-1 K 線用等量線，用起來更直觀

II. 平均K棒

這個K棒可有來頭了，東瀛傳過來的舶來品，早期我曾經看過有投顧公司販售的軟體使用這樣的K棒。操作方式很簡單，就是「紅買綠賣」，廣告台詞還很聳動，「紅買綠賣最簡單，3歲小孩都看得懂，在家請菲傭幫你下單。」能否賺到錢？說真的，如果你完全遵守紀律的操作，絕對會比你自己的績效要好。因為，這個指標中間蘊含著「**趨勢**」的概念。

圖45-2分別是兩個交易日的行情，下方是原始K棒，你會在中間好幾段紅綠K棒互轉的過程中，不知該如何交易；上方的K棒你可以掌握到幾個相對「乾淨」的行情。

▌程式交易不適用平均K棒

這個K棒有很多名稱，例如裁縫線、平均K棒、趨勢K線以及Heiken-Ashi，K棒的開高低收，都是調整過的，公式分別如下：

平均K棒開盤價＝（前一根平均K棒開盤價＋前一根平均K棒收盤價）除以2

平均K棒收盤價＝原始K棒的開高低收相加後，除以4

平均K棒最高價＝三者最高價（原始K棒的最高價、平均K棒開盤價、平均K棒收盤價）

平均K棒最低價＝三者最低價（原始K棒的最低價、平均K棒開盤價、平均K棒收盤價）

這樣的想法是把前面每一根K棒的資訊遞延到下一根K棒，以過濾掉市場的部分雜訊，提供更清晰的價格走勢。不過，細心的你會發現，買進的開盤價會和原始K棒上面看到不一樣。特別是程式交易的朋友，千萬不能直接用平均K棒的價格去做交易，否則會得到一個意想不到的「假」聖杯。熟悉日文的朋友，可以搜尋一下「平均足改良版の計算式」，可以看到更多改良版本。善意小提醒，別走火入魔了。

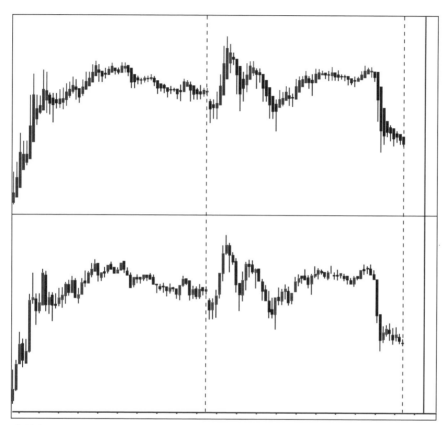

資料來源：Multicharts

圖 45-2 利用平均 K 線可以紅買黑賣

III. 沒有 K 棒的 K 線圖

還有一種更為精簡的操作方式，K 棒有一種方式是用收價線表示，把前後兩個收盤價連線起來，刻意忽略 K 棒高低點，這在我的當沖交易中，也占了相當重要的份量。

每個交易人天天看著盤面的 K 棒跳動，會出現一些有趣的交易行為。有些朋友看到連續紅 K 就想放空，這種我笑稱「空不爽」的操作人，放空的理由很簡單，就是連續紅 K 之後，覺得行情必然會轉向。相同的，這樣的人看到連續綠 K 下跌過程中，就想隨時進去抄底做多，您是否也有這樣的情況呢？

另外一批人的交易屬性剛好相反，看到連續紅 K 就亢奮了，多單勇敢追在山上，看到連續綠 K 下跌，就往下空。上述兩種操作，基本上過猶不及，都不是好的，單純是交易人被 K 棒的顏色所制約。

▋「收價線」更容易觀察行情轉折

這時我會建議他們使用「收價線」這種 K 棒表現方式，就可以避免因看到顏色而產生的衝動交易行為。同時，對於熟悉型態交易法的投資人，比較一下圖45-3上下的差異性，在上方的收價線圖中，你會更容易觀察到行情的轉折。這個時候只要很簡單的幾種型態，M頭／W底、頭肩頂／頭肩底，加上簡單的三角收斂型態，就很容易在混亂的行情中，理出一些頭緒，讓交易更輕鬆。

甚至還有一種做法，因為大家習慣行情往上走是漲，往下就是跌，無形中被價格走勢制約了。請試著把這本書向右轉90度，再看看圖，有沒有覺得更有趣了。千萬不要看盤的時候脖子轉90度，你可以用一個可轉向的螢幕做到這樣的效果。

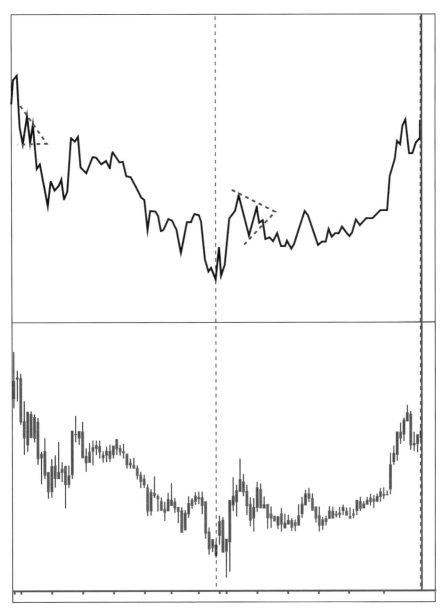

資料來源：Multicharts

圖 45-3 「收價線」更容易看出形態！

Chapter 46 指標也可以變形

　　K棒可以改變外，我也嘗試去做一些常用指標的修改，例如圖46-1看到的指標，相對強弱指標（Relative Strength Index）簡稱為 RSI。為何要用這指標來做範例呢？我學習期貨交易初期，就在網路上發現一位交易高手Parkson Dow，經過幾年的等待，總算盼到他的交易書上市，這本書是《機械化交易新解：技術指標進化論》，書中他介紹的第一個指標就是RSI。每每聽他老人家開導幾句，對我的交易都有如醍醐灌頂，功力瞬間大增。

　　這個指標的變型，是基於傳統RSI指標的超買超賣區，不管是用70／30、80／20，還是杜老大說的九死一生（90／10），範圍都是被固定住的，在來回擺盪的交易日，很容易碰觸不到這兩條線，而無法判斷進場時機。

▋將RSI套入布林通道，找信賴區間

　　在研究技術指標的過程中，我對於布林通道（Bollinger Bands，BBands）下了很深的功夫，因為這個指標的主體是「均線」，是一個趨勢系統，然後加上標準差的計算，呈現出一個「均值回歸」的情形，是一個很獨特的指標。有次我突發奇想：可否將這兩個指標結合在一起？做法是將傳統的RSI值套入布林通道的價格，然後找出這個數值的信賴區間，用這兩條線來取代原來固定的超買超賣線，效果居然還不錯，這樣的做法也可以套用在其他的指標上。

　　回首來時路，這些過程都蠻有趣的，因為我現在日用的當沖看盤系統中，都沒有這些指標了，難道是這些指標不好嗎？非也，而是交易做得越久，越發現一個真相，這些買進賣出的訊號，絕對不是你獲利與否的重點，偶爾還成為你進步的絆腳石，因為技術指標是基於已完成的交易，而我們交易的是未來，真正的關鍵，是每一筆獨立交易的處理。

　　另外圖上看到的指標，是透過電腦運算來取代人工判斷，把常用的背離訊號

自動標示出來，分辨進出場的觀察，這些都是過去的成品，電腦不僅會挑選土豆，也還會找出「背離」。

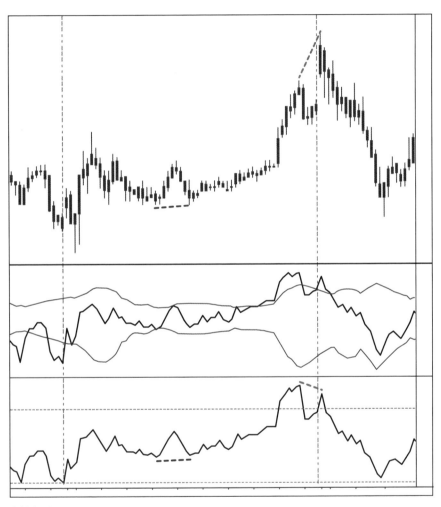

資料來源：Multicharts

圖 46-1 利用布林通道與 RSI 結合，效果佳

Chapter 47 K 棒的週期

除了K棒的種類，我最常被問到的問題之一是：「要用什麼週期的K棒來看盤？」時間框架的設定，是很重要的基本知識，也是每位交易人都必須知道的。長短週期的時間框架影響性，有幾個基本的重點：

第一、時間框架大小決定訊號的多寡。 越小的時間週期，在同樣的參數標準下，出現的訊號越多，訊號多的好處是讓你進出機會多。框架太大，當沖的交易者可能等待了一整天，沒有太多的機會可以出手交易。

圖47-1可以看到，同一個交易日都是KD指標，用同樣的參數和進出場條件，下方1分K線，當天有9次進出場機會。而上方的5分K棒，只有觸發兩次進出場訊號。如果當沖交易者在訊號產生時，剛好不在盤前看盤，就錯過進場機會。

第二、時間週期的長短影響賺賠金額的多少，和持倉時間的長短。 圖47-2中，換用MACD來觀察，也是一樣的參數，一樣的進出場規則，上方的5分K棒，在第一筆進出賺到89點的利潤 （12095-12006=89），下方的1分鐘週期，只有獲利24點（12062-12038=24）。

說到這裡，你是否認為長週期才是首選？但是不要忘記，長週期的獲利雖然增加，但若是虧損的交易，同樣會將損失放大，這是一體兩面，沒有哪一種週期是最好的。因此，仍舊是那句老話：「選擇最適合你的。」長週期K棒因為獲利／虧損都會放大，交易的時候，請注意資金的管理，也許你的資金原本可以交易一口大台，請改成兩口小台進行交易。

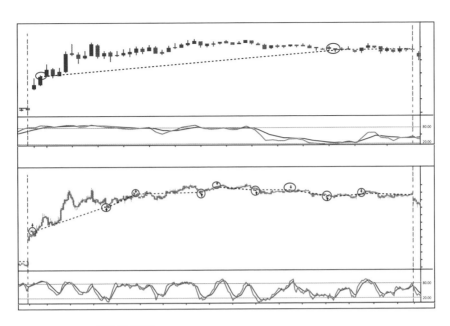

圖 **47-1** K 線週線的選擇要配合個人習性

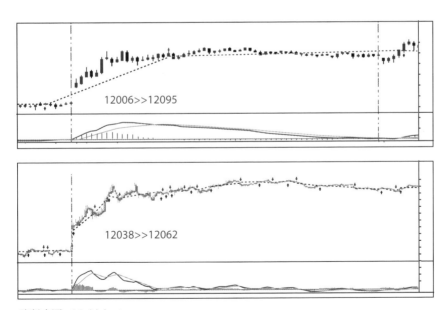

資料來源：Multicharts

圖 **47-2** 週期長短會影響獲利

Chapter 48　不同時間週期的選擇

　　不同K棒的週期，影響的第三個重點是「*趨勢性*」。這邊用前面介紹過的平均K棒來觀察，平均K棒本身已經有一個趨勢延伸的概念在其中，看到圖48-1上方是5分鐘K棒當天的走勢，紅色（多方*趨勢*）和黑色（空方*趨勢*）的轉換次數，和下方的1分鐘K棒比較起來，長週期的*趨勢性*相對明顯許多。

　　所以時間框架越小，預測未來的走勢時期越短；相對的，時間框架越大，預測未來的走勢時期越長。但是到底你要預測多久？台指的當沖交易一天只有5個小時、300分鐘，去預測未來3天的走勢有必要嗎？

▌用不同時間週期找同向的共振進場點

　　如何去配置不同時間週期來觀察呢？一般的操作中，通常取4~6倍為基準來選擇兩個大小時間週期，所以1分K棒可以搭配5分K棒去觀察。5分K棒則可以15分週期或者30分線來配合；15分線則是搭配小時線成為一組。至於小時線呢？台指期的一天只有5個小時，所以小時線就可以搭配日線來做大小框架的運用。

　　這樣的搭配，也可以運用不同的時間週期，找出同向的共振進場點，這邊繼續用平均K棒來做說明。我們用3個不同的週期，分別是15分K棒／5分K棒以及1分K棒，來作為一個日當沖的進出系統。進場的條件，就是3個週期都出現同樣顏色的K棒；出場的條件，則可以在中小週期出現不同走勢的時候離場觀望。

　　以圖48-2為例，當天在09:41時候，三個週期K棒同時翻紅，多單就可以進場操作。會是一個豐收的交易日。

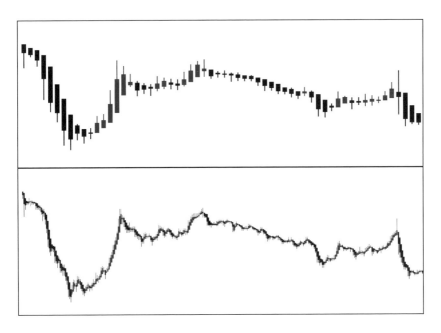

圖 48-1 多週期 K 棒觀察，長週期（5 分 K）看方向，短週期（1 分 K）作為進出場點

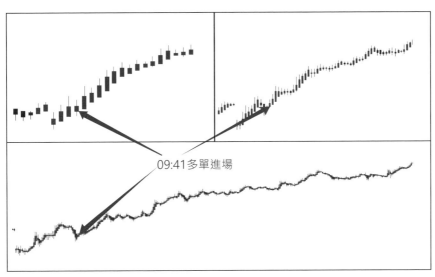

09:41多單進場

資料來源：Multicharts

圖 48-2 不同週期 K 棒同向，賺錢機會來臨。

Chapter 49　價格以外的資訊

　　我接觸期貨之初認識一位朋友，他的工作比較特殊，是地下期貨公司，當時身邊最準確的指標，莫過於他盤中分享的資訊：「散戶多空比」，也就是他們公司接到客人下單的多空比例。由於散戶長期是輸家，當時觀察到，如果當天他們客戶的訂單多空比例出現明顯差距，行情往往就會出現比較明顯的**趨勢盤**，這時他就會善意提醒我們要小心操作。

　　這個訊息讓我開始思考，有沒有可能發掘出買賣價格外的資訊呢？畢竟價格是買賣之後的結果，有價格才有 K 棒，技術指標又慢於 K 棒，所以去找到市場目前的買賣力道，也許是個好方法。

▌從委買賣與成交筆數找出趨勢

　　在交易商揭示的交易資料中，恰好有這樣的資訊，分別是委買賣口數、委買賣筆數、委買賣均口數，以及成交筆數。這樣的資訊，和價格沒有直接關聯，卻是市場漲跌的基本內涵。

　　彙整資訊的運用方式，提供讀者參考：

　　1. 委買賣量差：委買口－委賣口，這是掛在市場準備進場的單子，可以當成是多空氣氛判斷。

　　2. 委買賣筆差：委買筆－委賣筆，這個資訊比較少用，但是經由這個資訊可以推出下一個數據。

　　3. 委買賣均差：委買均口－委賣均口，看看多空方哪一邊勢力比較大，均口是口數除以筆數，以圖49-1為例，78301除以35662就得到2.20口。

　　4. 成交筆差：成交的委買筆－成交的委賣筆，這個數據比較有趣，有些朋友會誤解，因為成交量是一樣的，但是成交筆越多，表示那個方向的單子力道越弱。

圖上的資訊中，今日成交總量74,341口，分別由41,229筆買單和39,464筆賣單完成。詳細的用法應該是日成交總量分別除以買賣成交的筆數，去換算出來「已成交」的買賣均口，為了快速判斷，直接用買賣方的成交筆數去相減。

　　對市場有點經驗的交易人，應該發現了，這就是過去幾年市場很多人在使用的冰火能量系統、大小單系統以及主散戶系統。我約莫2010年開始分享這個做法，雖不算空前，應該也是走在潮流前端吧，後面將會檢討其實用性。

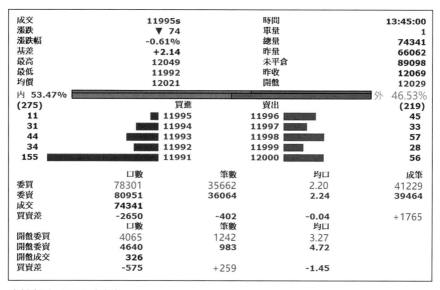

資料來源：XQ全球贏家

Chapter 50 市場的氣氛

　　每天開盤之後，買賣雙方就會開始布局。大多的交易人沒有追價買賣的習慣，通常是決定好方向後，去做掛價買賣的行為，因此透過觀察雙方委買賣量的數據多寡，來作為一個偏多或偏空的判斷，然後就等待成交回報。這種情況下，我們用委買賣的數量差距來作為進出場好嗎？

　　我提供過去大約兩年的資訊做回測（2017／08／21~2019／12／30），條件很簡單，每天固定時間去判斷委買賣量的差距，達到一定門檻後進場，一天只做一次交易，進場後設定固定點數停損，沒有達到停損條件，就是收盤出場。這麼簡單的交易，會不會賺錢呢？

▌進場越早，績效越好

　　圖50-1是回測過程中用的幾組參數，參數包含進場時間早晚和進場的量差門檻。立體圖上的水平面是損益的零點，意思只要在水平線之上的參數，回測出來都是賺錢的。圖上看到幾乎參數都能滿足這個要求。同時進場的時間越早，績效相對好，這是否是早起的鳥兒有蟲吃的概念呢？

　　想一下這個策略的重點，第一、開盤後，很快就有人掛了進場單；第二、當天的多空買盤差距相當大。這兩種行為是否是你平常交易慣用的方式呢？如果是，就恭喜你了！不過還是要提醒，從這個策略參數回測資料可以發現：開始上線這個策略就先輸錢了，損益曲線曾經回檔超過10萬，創高後回檔的時間也有個3、4個月，要直接使用的朋友務必留意。

　　這樣看起來，台指期當沖如果傻傻當一隻羊，跟著羊群走，好像也沒有很慘，我們再來測試第二個策略。

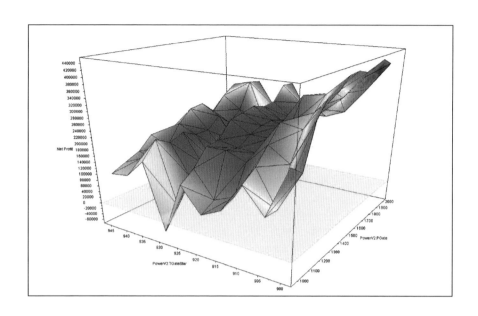

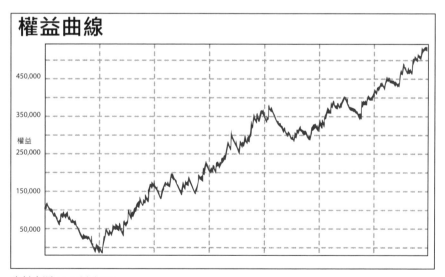

資料來源：Multicharts

圖 50-1 跟著羊群走，結果不太差！

Chapter 51　主力的真實企圖

前一個做法我們追蹤市場的委託單，但是委託過程中有一些單子是掛在那邊給你看的，並不是真的想進場交易。印象中2013年前後，盤中會出現一些大量的掛單，一次就掛上百口，甚至千口的委託單，千口的台指期保證金就將近上億元，但是那個單子一下在委買，瞬間又會跑到委賣區，讓上面的策略很難操作。原本一個績效表現還穩定的策略，就被強迫下架，讓我重新思考這個做法如何改良。

▌追蹤成交筆數，掌握主力買賣力道

既然委託會這樣變化，讓我們來追蹤實際的成交情況。做法還是一樣，只不過把委託的買賣口差，改成實際成交筆差。請注意，成交筆差的方向要調整，我們是在成交賣筆大於成交買筆的時候才進場做多，因為成交量固定的情況下，成交筆數比較少的那邊，表示力量比較大。

從圖51-1看到有些不一樣，不單純是越早進場越好，部分獲利的高峰集中在開盤後一個小時（09點45分）才進場。同時期的交易總損益數也比前一個策略稍差，優點是，中間回檔的金額和時間比光看委託量差要來得好。

這個追蹤主力真實買賣力道的策略，2019年1月後績效就原地踏步，到10月才恢復正常，這和2019年的當沖策略遭遇到亂流有點像。2019年雖然是個多頭年，整年台指期從9,630點到封關11,995上漲將近2,400點，但是一個有趣的例子，2019年大盤上漲2260點，漲幅超過20%，這個策略表現卻是相對弱於大盤的，大家可以檢視一下，2019年1～4月、9～10月，雖然是一個大多頭，可是中間日K其實振幅都不大。

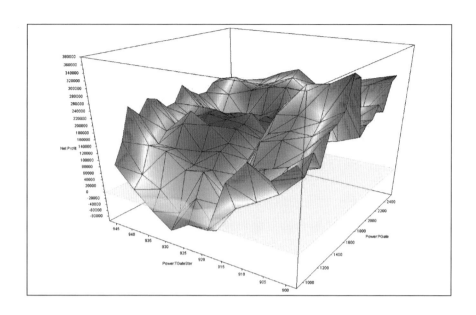

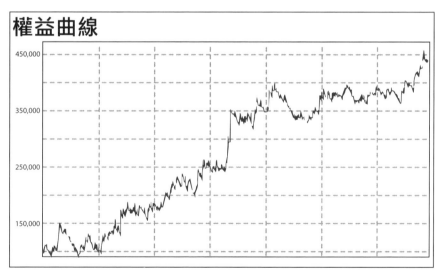

資料來源：Multicharts

圖 51-1 追蹤主力真實買賣力道的策略績效，優於單純看委託資訊

Chapter 52 盤中能量的真真假假

這個操作系統，因為有委託單和實際成交單，我盤中同時會注意兩邊是否同步。正常的情況下，實際的成交方向和委託方向應該是相同的，但是偶爾會有特殊狀況發生——委託單和成交單不同步。

圖52-1中，上方是兩個不同交易日的盤中資訊。上方是實際成交的「筆差」，下方是當天委託掛單的「口差」。可以看到這兩天的資訊相當奇怪，第一天的前半場委買賣資訊是委買多，指標在零軸之上，但是成交買筆差卻是往下，圖上的轉折曲線是當天期貨走勢，可以看到是偏弱的格局。

第二天就更神奇了，幾乎整天是反向的走法，委買賣單掛賣單，早上的賣壓還挺大的，但是行情並沒有往下走，觀察成交筆差是正的，似乎是大人一邊委掛賣單，但是偷偷在買進。

▌委託和成交不同步，行情可能反轉

這種交易日，往往就是讓我繃緊神經的一天，因為委託單觀察的人比較多，成交筆差因為要轉換，市場懂得觀察的人比較少，這種不同步的情況發生時，往往行情就會有出人意料的發展。

果然，收盤當天，從盤後籌碼可看到，外資當天期貨空單回補4,955口，期貨淨多單增加4,501口，現貨則是賣超84.82億元，這樣的行情怎麼沒有下跌呢？當大家滿頭問號的隔天，行情就開始反彈往上了，隔天跳空開高26點，收盤10,413點上漲49點，接著開始就是一波大盤千點行情的發動了。你還覺得這些盤中的籌碼沒有用嗎？試著放開技術指標，多花點時間研究這些資訊，可能對交易更有幫助。

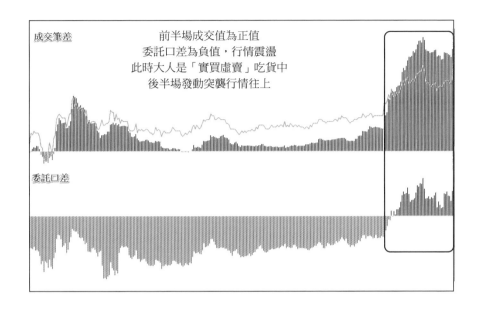

成交筆差

前半場成交值為正值
委託口差為負值，行情震盪
此時大人是「實買虛賣」吃貨中
後半場發動突襲行情往上

委託口差

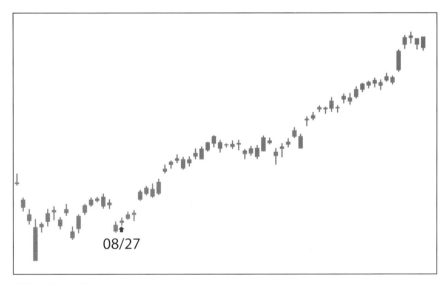

08/27

資料來源：Multicharts

圖 52-1 成交筆差和委託口差出現反向時，請務必留意當天行情走勢

第五篇

實戰技巧

Chapter 53　每天固定一個方向操作

　　台指期當沖交易高手自由人曾經分享過，他喜歡每天開盤就做多，聽起來是個很無腦的交易方式，是否真的如此？2019年9月間，有一日的行情相當的沉悶，我為了降低盤中看盤的衝動，就把當年的行情拿來做一番研究，用5分K來做分類，檢視每一個交易日的高點和低點發生的時間，結果確實蠻有趣的。

　　當時統計了160個交易日，最高點發生在第一根K棒的交易日有18天，最低點發生在第一根K棒的時間，竟然有36天，達一倍之多，機率竟然有22.5%。是否明天開始，你也決定開盤就做多單進場呢？

▌做對沿路加碼，做錯虧損也不大

　　只要手邊有歷史資料，要做回測的速度都很快，我用了一個變化的方式，每天的第一根5分K收K棒的時候進場，停損點就設前一根K棒最低點，只要打到停損價就停損出場，沒有被停損的就放到收盤出場。從2010年開始回測，平均勝率是14.39%；反過來改成第一根5分K棒結束後就放空，停損是進場前一根K棒最高點，成功的機率大概是13.53%。這個數據比較接近我的經驗值，看來是自由人這兩年在市場的門徒眾多，改變了市場的生態嗎？

　　當然，這樣的勝率是無法在長期交易中獲得正報酬的，這種交易策略必須做一些修正，在成功的交易日沿路加碼，做錯的時候呢？因為第一根K棒就進場，其實虧損都不至於太大，困難的是，平均成功率大約14%，表示你做9次會有1次成功的機率，但在8次失敗的操作時，你怎麼處理失敗的挫折？更何況交易的勝率，絕對不是每錯8次就會成功1次，也許你連續錯了17次，才讓你成功2回。在對的那一天，你還能夠出手交易嗎？

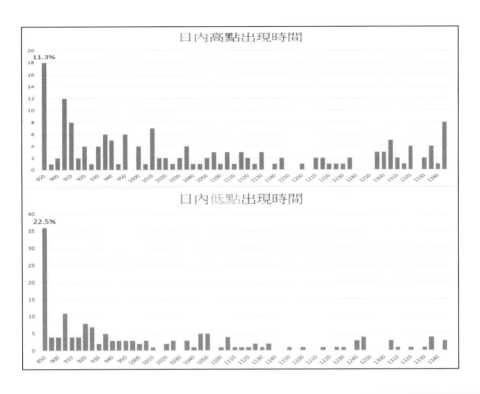

開盤第一根K策略	做多	做空
交易次數	2442	2442
成功次數	352	331
失敗次數	1980	1997
勝率	14.41%	13.55%
平均交易（獲利／虧損）	212.69	197.46
平均獲利交易	11726.14	12131.12
平均虧損交易	-1822.32	-1769.25
平均獲利／虧損比率	6.43	6.86
最大交易獲利	53400	57200
最大交易虧損	-23000	-33000

資料來源：作者整理

圖 53-1 開盤第一根 K 線做多，長期統計有 14% 的成功率

Chapter 54 開盤第一筆就獲勝

解釋了那麼多種開盤的狀況,到底有沒有開盤必勝的做法呢?如果你開盤一定要交易,又一定要勝利,可以直接跟你報告,沒有。除非,你可以接受不要每次都出手,那就有可能找到勝率相對高的操作方式。

分享一個我自己常用的交易策略,這個策略主要還是建構在籌碼和國際行情的搭配。由於台股目前的交易,只有期貨交易晚上有電子盤,現貨個股並沒有夜盤的交易機會。因此,當天如果盤後看到法人,特別是外資,出現已經進場卡位(期、現貨同時買進或賣出),可是國際盤晚上卻不捧場的狀況,第二天的早盤,外資很容易出現一個動作,就是在現貨開盤前發動奇襲。這種交易機會,我稱之「大戶自救行情」進場交易的方向,主要還是以前一日已經布局好的方向。

▍國際盤不如大戶預期,可搶搭「自救行情」

提供一個案例,2019年10／14收盤後,看到外資當日現貨買超152.04億元,期貨的淨多單增加7,056口,這是偏多的狀況。可惜當晚美股並沒有跟著走出大人預期的行情,歐美股市的主要市場指數都收跌,美股四大指數收小跌。

當天,我開盤前已經做好規畫,預期當天開盤後會有兩種截然不同的走法。跳空開高後就會趁高把前一日買進的倉位出場;相反的,如果開平呢?則有相當大的可能,在現貨開盤前,先用期貨拉抬一次行情。當天研判後者的機率高,果然開盤後也出現這樣的情況,因此搶在開盤在前日收盤價附近,做了一次多單進場,順利贏得開盤的勝利。當天的進出紀錄,我在當日交易完成後,寫在臉書上面,也提供大家驗證。https://www.facebook.com/iamacer2266/posts/1403022486517366

2019 年 10 月 15 日 盤前規劃

集中市場三大法人&八大行庫買賣超 / 單位：億元

集中市場	買超	賣超	淨買賣	前日水位
投信	17.51	11.68	5.83	-9.94
外資	594.71	442.67	152.04	-71.96
自營商	101.33	60.40	40.93	-40.82
八大行庫			-1.59	24.84

外資&自營商期貨部位變化 / 單位：口(大小台合併計算)

期貨留倉部位	多單		空單		淨單	前日水位
外資	90176	▲	33332	▲	+56844(+7056)	+49789
自營商	15594	▲	17365	▲	-1771(-1324)	-447

國際股市漲跌統計

國際股市	收盤價	漲跌幅	國際股市	收盤價	漲跌幅
日本(日經)	21798.87	0.00%	上證綜合	3007.88	1.15%
韓國綜合	2067.40	-1.11%	香港恆生	26521.85	0.81%
台灣	11066.95	-1.63%	道瓊	26787.36	-0.11%
英國	7213.45	-0.46%	那斯達科	8048.65	-0.10%
德國	12486.56	-0.20%	標普五百	2966.15	-0.14%
法國	5643.08	-0.40%	費城半導體	1590.40	-0.05%
EWT	37.55	-0.11%	摩台電子盤	415.60	-0.07%

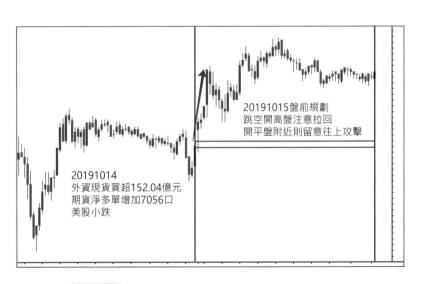

20191015盤前規劃
跳空開高盤注意拉回
開平盤附近則留意往上攻擊

20191014
外資現貨買超152.04億元
期貨淨多單增加7056口
美股小跌

圖 54-1 國際盤表現不佳，留意隔日拉回開高

Chapter 55 領先指標

本書在前半段花了許多章節介紹台灣期貨發展過程和相關的規定，也許讀者會覺得無趣，可是掌握那些資訊，才是打開金庫的密碼。特別是每天開盤前市場的資訊，多半只有前一日的買賣籌碼資料和國際行情的漲跌數據，這些資訊雖然可以作為參考，但是最重要的還是：當股票市場開盤時，法人和投資人怎麼安排交易？

台股的交易，通常第一個5分鐘是當天成交量最高的時候；第二個高點，往往是尾盤收盤前。當然，這個狀況是否會因為2020年即將開始實施「盤中全面逐筆交易」[註] 而有所變化，還不得而知。我認為，早盤還是一個法人進出場的關鍵時間。

現貨大盤雖然9點鐘開盤，比期貨落後了15分鐘，但是證交所在2015年6月開始，從8點半就提供現貨當天撮合的資訊揭露，透過每天追蹤台股個股的權重改變，我們可以計算出9點鐘現貨可能開盤的位置，然後去對應處理。

這個工具我命名為「領先指標」，2018年公開也在網路上直播教學指導大家，讀者可以搜尋關鍵字「交易醫生／領先指標／DIY」可以找到當時的一些影片。

▋追蹤台股個股的權重改變

2018年8月1日，早上起床看到美股重挫，道瓊指數下跌333點，跌幅1.23%，費半指數更慘，當天下跌3.22%，台股一開盤就是風雨欲來的情況。我知道今天又是做大買賣的日子，早上開盤，期貨跳空下跌103點開出，市場一堆人瘋狂放空。當時透過這個工具，我判讀當時大盤指數雖然出現下跌，不過跌幅只有36.94點，和台指期當時下跌96點比較起來，足足有60點差距。因此我勇敢在開盤後進場多單，當然這個單子是逆著行情，所以進場後執行部分停利然後保本操作，又是一個收穫滿滿的交易日。

可惜這個工具從2018年12月之後，因為證交所不再免費提供每日權重的更新，讀者已經無法免費取得最新權重，因此DIY的方式已經無法操作，只能向證交所付費購買資訊。如果願意付費購買我推薦一位學生的作品，他整合了更多

資訊，做成「A+盤中溫度計」工具，提供使用者付費租用，可以在盤中使用。
https://www.itrading.tw/product/3/6

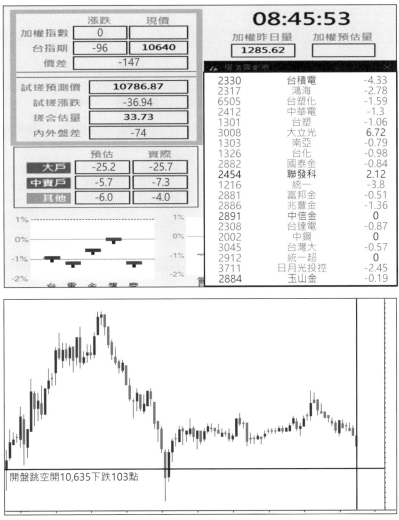

資料來源：Multicharts

圖 55-1 「領先指標」可以預先計算出大盤開盤位置

*註：台灣證券交易所規劃從2020年3月23日，實施盤中全面逐筆交易，相關資訊可參考https://www.twse.com.
tw/zh/page/trading/information13.html

Chapter 56 早盤交易策略分享

「ORB策略」是開盤區間突破策略，這是很常見的當沖交易策略，中文叫作開盤區間突破（Open Range Breakout）。顧名思義，用開盤後某段時間的高低點作為一個區間，突破這個區間就買進或賣出。

這個策略最簡單的說法，就是我們選定開盤後的一個時間內，記錄下來這段區間內的最高點和最低點，作為一個區間的上下緣。進場的方式就是突破區間高點買進，跌破區間低點賣出，進場之後就是設定出場。

出場方式蠻多種的，可以設固定點數停損，也可以不停損到收盤出場。我用的是另外一種方式，當進場做多，用區間低點做停損；相反的，進場放空的時候，停損點就是區間高點，一天只進場一次；如果沒有打到停損，就放到收盤出場。這樣簡單的做法，你覺得有沒有難度？你認為這樣簡單的策略會賺錢嗎？交易醫生還是用數據讓你相信。

越早進場失敗率提高，但獲利較高

這次回測，我同時執行了最佳化作業，看看能否找到一組比較理想的進場點。從開盤後開始記錄，每5分鐘一個進場，一直取樣到開盤後60分鐘，同時設定，進場必須在12點半前完成進場，如果沒有，則放棄當天交易。你覺得哪一個時段會是最佳的選擇呢？

這邊按照幾個分群，淨利的高低、交易次數多寡、勝率高低、平均獲利和平均虧損，賺賠比以及策略最大損失。越早進場的策略，因為區間小，相對失敗率就提高，可是也因為這個「缺點」意外使得平均虧損最低，同時平均獲利也最高，在賺賠比這一項同時贏得冠軍。這樣執行下來，如果是你，你會選擇以哪一段時間來做進場門檻呢？程式交易不需要人性嗎？你現在做的選擇，就是人在影響程式的屬性。

進場時間	淨利	交易次數	勝率	平均獲利	平均虧損	賺賠比	獲利持倉時間	策略最大損失
1	736,200	2545	29.04%	10252	-3800	2.70	54	-229,200
2	614,200	2653	31.44%	9735	-4151	2.35	54	-243,200
3	751,400	2527	37.12%	8872	-4795	1.85	52	-278,800
4	741,800	2451	41.62%	8327	-5490	1.52	51	-277,600
5	747,400	2419	44.07%	7812	-5691	1.37	49	-229,000
6	990,600	2391	46.21%	7383	-5698	1.30	47	-213,800
7	1,114,600	2346	47.66%	7013	-5628	1.25	46	-208,000
8	947,200	2318	47.76%	6799	-5595	1.22	45	-232,000
9	1,282,400	2280	49.12%	6527	-5343	1.22	43	-171,200
10	1,133,800	2235	48.90%	6397	-5268	1.21	42	-171,800
11	1,013,200	2200	48.86%	6145	-5084	1.21	41	-169,800

圖 **56-1** 台指期貨 ORB 策略績效

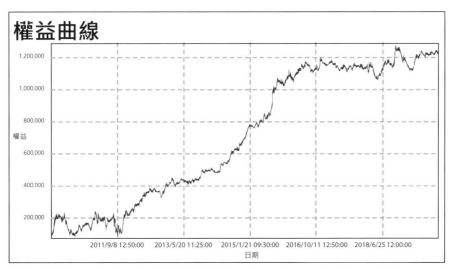

資料來源：Multicharts

圖 **56-2** 開盤區間突破（ORB）策略績效圖

Chapter 57 開盤直接進場

這個策略和「開盤第一根K進場」略有不同，那個策略是開盤後第一根5分K完成後進場，這種做法有點類似ORB的第一個5分鐘完成後馬上就進場。這邊要做的是另外一個檢測，開盤就直接多空選擇一邊去操作，看看會有什麼結果。這個策略的改良過程，我2017年在東吳大學分享會的時候提出，幾年過去了，不知道還有多少人是照著在操作的？這次重新再來做一次檢測，看看又過了兩年半，這個策略還有效嗎？

交易策略很簡單，每天開盤前市價做多或做空，收盤出場，多空的損益分別如圖57-1。千萬不要被騙了，中間都沒包含成本，兩千多個交易日，如果把每天的交易成本算下去，會讓你輸到爸爸媽媽都不認識你。這個策略根本不能用啊！

▋長停利、短停損才能得到豐厚報酬

先來試試幽靈的第一個禮物（永遠持有正確的倉位），把「停損」加上去看看，果然看到改善了。接著，再來測試加上「停利」的執行，最後這樣的策略，雖然不能賺到大錢，也總算不會一路往南走了。

我在開發此策略過程中，同時得到了另外一個有趣的結果。我們在交叉測試停損和停利的最佳化過程中，得到兩種不同的結果。第一種是比較長的停損，搭配比較短的停利，這樣的操作確實會得到高勝率的結果，但是卻無法得到較好的績效，交易中小賠大賺不是好的交易。反而對照組的長停利、短停損，才能得到相對好的報酬。

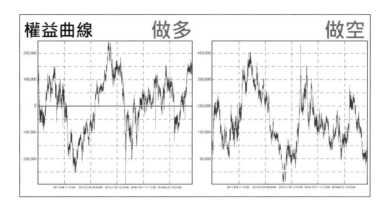

圖 57-1 每天開盤進場，收盤出場。做多和做空的策略績效

	做多		作空	
停損／停利	短停損	短停利	短停損	短停利
交易次數	2442	2442	2442	2442
勝率	19%	82%	18%	81%
淨利	172,800	22,400	-22,400	-172,800

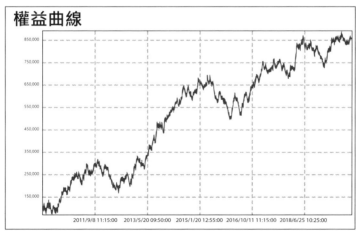

資料來源：Multicharts

圖 57-2 改良將停損／停利，帶入策略中。上圖為開盤做多，停損 20 點／停利 60 點，勝率雖然只有 32.79%，淨利可達 755,600 元。

100 Pictures

Chapter 58 注意轉折時間

開盤如果沒有交易機會，我就等待幾個特定的時間才進場。我開始接觸期貨的機緣，是2009年參加了一場台証期貨股份有限公司（後來合併至凱基期貨公司）舉辦的分享會，當天主講人是高應大教授姜林杰祐，主講的主題是「程式交易」，開啟了我對期貨交易的新知，也因而棄股投期，進入了台指期貨的領域。

我也花了很多的時間在程式交易的策略開發上，偶然的機會觀察到，每當盤中程式交易發動的時候，往往電腦傳出來的成交回報是一整串的，經過比對發現，原來不同週期的K棒，會在幾個特定時間同時結束，接著程式開始運作，而這樣的情況，成就了我第一個穩定策略。

▌週期越大K棒結束，影響行情越大

以下大致整理這樣的週期給大家參考，第一層最短週期的5K棒，每隔15分鐘和15K收盤時間重疊，然後每半個小時會和30K收盤再重疊一次，這時候是上午的9點15分，此時股票市場已經開盤15分鐘，是每天的第一個重要時間關卡，前面我們回測過的ORB策略，有些交易者就習慣用這個時間週期，來記錄當天早盤的高低點做交易。

接下來第一根60K也結束，時間已經是上午9點45分，通常會使用到60K棒的交易多半是留倉的波段策略，往往發動的時候對行情影響力也相對大，幾秒鐘的差別，就能影響一天勝負關鍵。

為了因應這樣的狀況，已經有部分交易人改用其他週期K棒，例如，有人用7分K棒、43分K棒等，但是上面的幾個重點時間週期還是為多數人採用，請大家務必注意，甚至養成習慣，等在那些特定時間點出手。

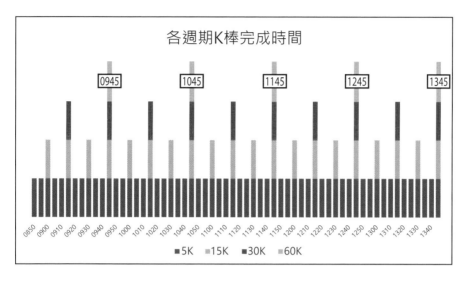

各週期K棒完成時間

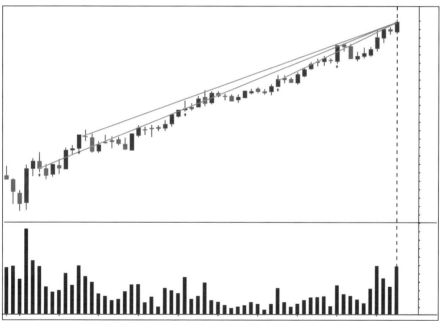

資料來源：作者整理 & Multicharts

圖 58-1 不同週期 K 棒結束的時間，越多 K 棒同時完成時，威力越大

2018年我做過一個分析，追蹤當天轉折容易出現的時間，分析的條件設定是：9點鐘之後記錄當時的高低點，如果當天持續走高或持續走低，就定義為沒有逆轉發生；如果當天的高低點有被穿越，就記錄逆轉一次，同時記錄下時間，直到行情又出現新低（或新高）。

以圖58-2為例，當天早上9點之後，行情先往下走，到了9點40分走到當天的最低點，接著行情反轉往上直到11點15分，行情突破早盤高點，當天的行情走勢就改變了，記錄下來早上的低點時間是0940。當時的想法是，觀察看看，是否能抓到每天最有機會出現轉折的時間。

■ 台股最容易在10點產生轉折

數據應該統計了兩千多個交易日，最大值發生在早上的10點鐘，這個時間為何這麼容易發生轉折呢？曾聽過一個說法，外資每天開盤前會有一個當日股票買賣計畫，開盤後一個鐘頭內會執行完大部分的交易，然後到了尾盤再按照當天的行情做適度調整。台灣股市9點鐘開始交易，一個鐘頭的時間剛好是在10點整，那個時候也是亞洲主要市場全部都在進行人工交易的時間，這樣回測的結果，的確符合那樣的狀況。

這樣的交易特性是否會在2020年出現變化，因為自2020年3月開始，台股交易制度將會出現一個重大改變：股票交易將改從現行的5秒鐘撮合機制，改成盤中逐筆撮合，外資有更多的時間進行股票交易。在此之前，還是可以留意一下這個特性，當天最有可能發生轉折的時間。

圖上「無轉折」是當天只有不斷的創高或創低點，沒有行情逆轉的情況。

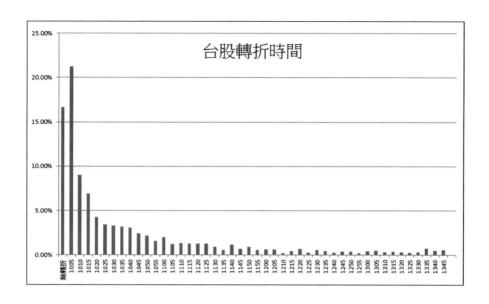

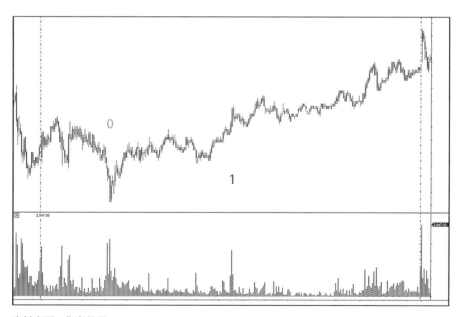

資料來源：作者整理

圖 58-2 10 點是重要的轉折時間

Chapter 59 吃豆腐策略

程式交易到底能不能賺錢？要回答這問題前，先來探討一下，你是人工交易者還是程式交易者？按照交易商統計的資料，市場上多數交易者是輸錢的，對於輸錢的交易者，程式交易至少有一個優勢，它有機會比你強。因為要打敗一個長期輸錢的交易員，只要不輸的比他多，它就贏了。

我在分享會的時候，常會開一個玩笑：「交易有兩種人會賺錢，一種是上人，這樣的人萬中選一、絕頂聰明、能控制情緒，冷靜處理每一筆交易；另外一種人是下人，這是沒有智慧、沒有情感、不懂恐懼，但是專長就是「不犯錯」，這樣的人也會賺錢。最麻煩的是，介於這兩者中間的「卡」人，把「上」和「下」兩個字合在一起，變成哪個字呢？就是一個「卡」，卡在中間不上不下，這樣的交易人，真的很辛苦。

按照這樣看來，程式交易是首選？其實也不盡然，2010年間，當時多數程式交易者還沒有覺察到進出場時間和別人高度重疊的影響。程式交易者進場的條件各有獨門秘技，可是出場的時間就尷尬了。

▌出場時間高度重疊，成為獲利機會

由於台指每個月結算，會有一天當月的熱門合約在下午1點30分結算，所以大家習慣把出場時間安排在1點30之前。當所有人都這樣做，變成出場的時間集中在1點之後的幾根5分鐘K棒，可是那個時間往往是人工交易者不太進出場的時間，於是，就變成清淡的交易時間內，忽然出現快速而短暫的交易。你可以想像一下，捷運列車靠站的時候，突然一堆人搶著衝出車廂，等列車門一關，月台又瞬間恢復平靜。

當時的交易日，只要當天行情發展夠大，我都會等待這幾個特定時間的回檔狀況，一出手都能獲利每口10點，換算成大台，就是一口兩千元。這數字也許不

誘人，如果變成5口呢？ 1分鐘內就可以完成的交易，新台幣元一萬輕鬆入袋，這個時薪很可觀吧。

資料來源：Multicharts

圖 59-1 每天 13:00 之後的當沖程式交易系統出場，造成行情下跌走勢

Chapter 60 另起爐灶

　　因為越來越多人知道尾盤的吃豆腐策略，市場的節奏改變了，出場的時間開始分散，同時也由於操作這樣策略的人多了，短短幾十秒完成的交易，利潤大家搶的情況下，只好開始找尋其他策略。

　　早期台指期交易成本高，一般人在撰寫交易策略的時候，很難開發出逆勢交易策略，於是變成大家開發的方向都一致，例如：開盤區間突破、通道突破、均線策略等。有次開發策略時，靈機一動，研究一下失敗的突破策略，看看有沒有什麼方式可以補強。後來找到幾個相關性：這些失敗的突破策略，往往是日內走出區間的高低，但是在更大框架下（例如3日或者5日區間內），並沒辦法有效突破，這時，日內的突破交易失敗率就高了。

▌行情震盪時，人機交戰上演

　　這個策略的第一個大架構就變成：行情在大區間內震盪，但是在特定程式好發的時間，看到行情有假突破的狀況，這時候我就生成了兩個策略，第一種是當時間接近特定時間，例如：9點45分，行情來到當日的高點附近，我就會去嘗試，準備趕在程式發動的時間前進場，如果程式確實進場，我的交易已經獲利準備出場。第二個策略是，如果這時看到程式發動後，行情並沒有繼續移動，表示市場上的主力，目的在獵殺這些機器人的時候，我再跟著這些大人反向操作一次，這樣的操作也都是在30秒內完成進出場的執行。

　　盤中就會變成一個現象：我一邊用程式交易執行機械化交易，另外一邊又隨時準備修理自己的機器人，或者應該說和自己的機器人對戰。這樣的事情幾乎天天發生，在這種時候，交易其實比較像自己和自己對弈。

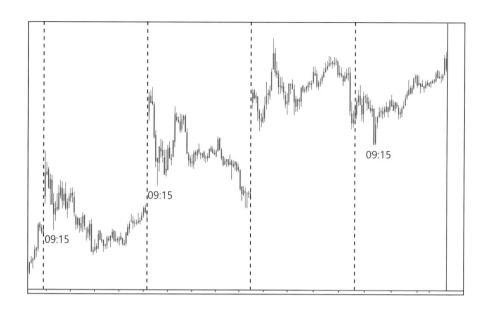

權益曲線

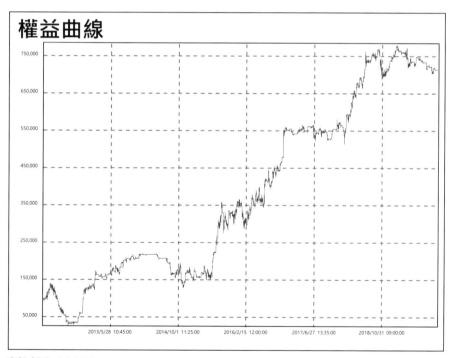

09:15

09:15

09:15

750,000

650,000

550,000

450,000

350,000

250,000

150,000

50,000

2013/5/28 10:45:00   2014/10/1 11:25:00   2016/2/15 12:00:00   2017/6/27 13:35:00   2018/10/31 09:00:00

資料來源：Multicharts

圖 60-1 當沖程式交易被刻意觸發後反轉，製造程式交易的停損。
幾個交易日都是 09:15 過高或者破低後反轉。

Chapter 61 10點之後暫停交易

　　台指期的行情，按照我們的統計，趨勢盤不過3成，其餘7成還是盤整為主，在這7成的交易日，小心不要淪為幫券商做業績的打工仔。我在2017年接受東吳大學教授吳牧恩的邀請，在東吳大學舉辦一次分享會，當天的內容中，就分享了一個我自己當沖慣用的濾網。

　　在那個講座上，我分享了一個「時間濾網」的策略。這是一個追高殺低的操作手法，盤中只要過前高就多單進場，破低就空單進場，這個策略回測結果如圖61-1左圖，是一個很漂亮的左下右上曲線，不過把交易成本放進去後，就變成往下一路探底的走法，如圖61-1右圖。

▌避免頻繁的無效交易侵蝕獲利

　　究竟是什麼原因？明明邏輯是正確的，但加了交易成本後卻輸錢？有一部分原因是「交易次數太多」，日內沒有波動的時候不斷來回進出，造成成本的耗蝕。

　　有幾種方法可以處理，「控制當天進出場次數」，或者「特定時間後不交易」。我在同樣的策略上加了一個時間濾網，每天10點之後不交易，觀察績效能否改善，果然，馬上看到一個還能接受的策略。

　　熟悉我操作的老朋友都知道，身為一個專業在家操作的交易人，具備多重功能，其中一項就是洗衣機器人，因此日後當你看到10點鐘之後行情變得很悶，也許就是我去做家事了。檢查一下你的交易，是否在上午10點到12點30分之間，出現多次無效交易吃掉你的獲利？戒掉它，讓你的交易穩健下來。

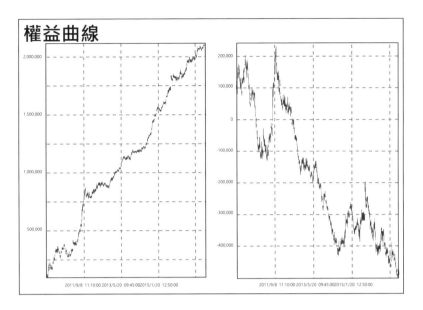

圖 61-1 加上交易成本後，績效圖變成右圖虧損走勢，表示無效交易過多

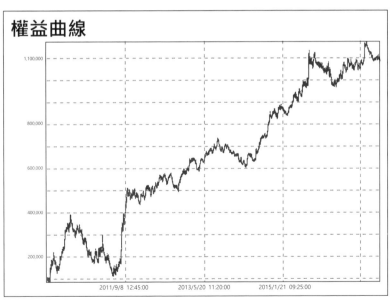

資料來源：Multicharts

圖 61-2 加上時間濾網，「10 點後不進場」，同樣的策略，就起死回生了

Chapter 62 午餐行情

中場家事做完，或者中午休息用餐時段，又會出現一些特殊的交易現象。台指期有一種走勢是這樣的，當10點之後，行情出現狹幅的震盪走勢。由於現在多數交易人習慣會掛好停損單，停損單的價格設定，有人習慣用固定點數，有人習慣用區間內的高低點，當價格來到停損價位後，就會觸發條件交易。這類的停損單為了保證成交多半是範圍市價單，或者讓價單，這時後就會出現一個小波動，這樣的狀況就是我們要操作的類型。

策略大概在12點30後發動，如果過去一段時間內（回測最佳化的結果大約落在90~110分鐘），行情是狹幅的震盪，我們就去執行一個區間「即將」突破的觸價進場單，就是希望能夠去推動停損單發動。如果失敗，就用反向的一邊來停損，這有機會做到一個短線的交易。

▌若盤整後往上突破，可轉隔日沖

如圖62-1可以看到，當天的區間是11,583和11,560，我們的買單就在11,582先行進場，仔細看多單進場在線下方，這樣很容易在中午幫自己爭取到一個豐盛的便當。

此外，如果這個突破的方向，是順著早盤的方向進行，早盤走多，狹幅盤整之後繼續往上突破，這種情況下，也許可以預期當天出現收盤收最高的情況發生。我的經驗上，這種單子有時候會轉成隔日沖的交易情況出場，績效也還不錯。

圖62-2的回測數據，應該是2個小時內，區間幅度在25點的情況下得到的成果，不過這個策略績效近期似乎有點回檔，是否過去一年期間，美國總統川普經常在台股收盤後丟出震撼彈，讓原本勝券在握的策略，變得狼狽不堪。這個部分，就是程式交易目前無法避免的狀況。

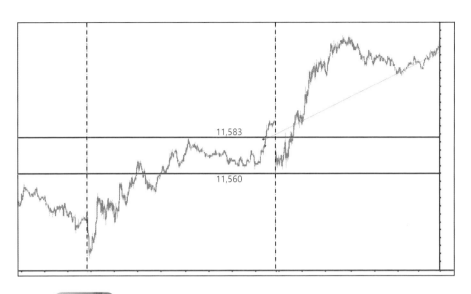

圖 62-1 利用 12:30 觀察狹幅區間整理後的突破走勢進場

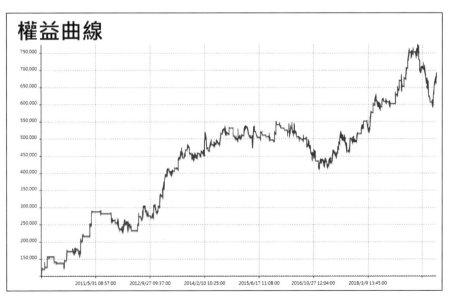

資料來源：Multicharts

圖 62-2 策略回測績效是賺錢的走勢，還可以加強

Chapter 63 尾盤交易

1. 結算日交易

時間來到1點鐘附近，如果是結算日，台指期一個月會有5到6次的結算，台指週選擇權4到5次，加上一次摩台的結算，這種交易日也是需要特別觀察的。

台指期的結算日，前面的章節提過，歷經幾次制度的變革，每一次都有非常大的影響。我經聽過一位講師說著他在外商交易的經驗，在結算日當天，他可以交易的資金高達幾十億，可以影響大盤結算的價位到小數點，當然，這是誇大了些。既然知道有這種可能性，就必須想辦法找到蛛絲馬跡來執行這樣的操作。

▌關注150檔高權重標的即可

還記得我開發的工具「領先指標」嗎，那個工具主要針對開盤前和收盤前的台股漲跌情況做觀察。在「領先指標」問世之前，另外一個「盤中溫度計」我已經使用多年，由於券商的軟體主要提供一般交易人使用，資訊分類多，但太多的資訊也會讓操作者判斷困難。「盤中溫度計」判斷的方式很簡單，台股雖然由909檔股票計算權重，但是按照市值的占比，前150檔標的權重占比將近85%。既然我們操作的台指期是追蹤大盤指數，就毋須觀察全部的上市櫃股票，只要留意這150檔標的即可。

關於工具設計的重點，我用四個顏色區分出每一檔股票當時的狀況，分別是「當天的強勢區間」、「當天的弱勢區間」、「當天最高價」和「當天最低價」，只需一個小小的畫面，就可同時追蹤這150檔標的。2018年3月16日，當天台指期貨開盤後狂跌110點，所有的股票一片慘綠，結果在1點整由台灣50的成分股發動攻擊，15分鐘內指數反彈90點，我獲利超過百萬，當時群組內許多朋友也跟著發了一筆小財。

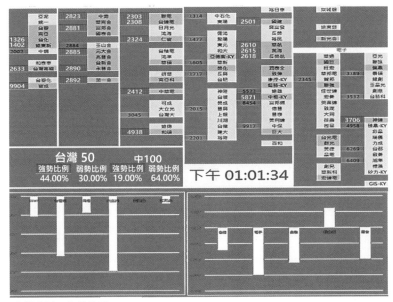

資料來源：作者整理

圖 63-1　透過工具觀察尾盤行情發動時間

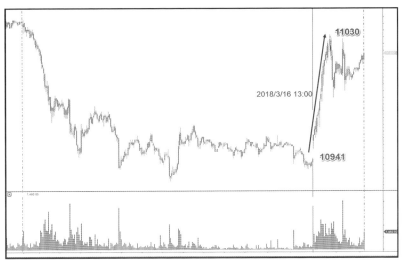

資料來源：作者整理

圖 63-2　2018／03／16 短短半小時行情，獲利超過百萬

2. 權重調整日交易

「一年9次的樂透機會」，本書前面提過了，國際市場有一些指數編制公司如摩根士丹利資本國際公司（Morgan Stanley Capital International）就有編制MSCI台灣指數，這個指數每年會有4次的權重調整，許多基金經理人或指數型基金，都會直接以它的成分股作為買賣標的，因此每當調整或變動，都會對市場產生龐大的影響力。

MSCI成分股於每年2月底、5月底 、8月底、11月底會調整，也就是在台灣新聞常會聽到的「MSCI季度調整」。有人會問我：「這種交易是否觀察指數調整的內容？當看到調升台股權重做多尾盤，相反的，當調降台股權重做空尾盤？」我的回答是：「不一定，唯一能確定的是，調整當天股價成交量和波動性都會比較大。」

▌尾盤撮合，判斷行情、追價買單進場

這個策略交易的方式是，它通常發生在現貨當天最後一筆交易，也就是13:25:00開始進行尾盤撮合交易時，會看到非常大量的買賣單出現，我們就是抓緊那個時間去進行交易。由於我們不是做方向性的交易，單純是針對它會有波動出現，所以操作的做法會是這樣：接近13:25的時候，觀察當時期貨價格，注意行情往哪邊發動，就做追價的買單進場。請注意，這種交易是針對波動操作，所以千萬記得見好就收。

還沒結束，通常這種向某一邊發動的狀況，往往隔天早上行情就會轉回來，像是一場誤會。MSCI權重調整日在2019年5月之後，不再是當月最後一日，請特別記錄下來。另外，這樣的狀況在富時指數（FTSE）權重調整日，也會有相同狀況出現的機會。

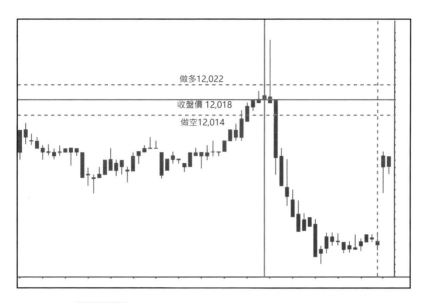

做多12,022

收盤價 12,018

做空12,014

圖 63-3 MSCI 季度調整會帶來交易量和機會

資料來源：Multicharts

圖 63-4 季度調整策略發生時，隔天又有一次交易機會（反向進場）

Chapter 64 籌碼怎麼看

每天晚上的8點半，當證交所最後一個資訊「融資融券餘額——信用交易統計」出來後，我就會開始整理當天的所有資訊，作為明天交易的藍圖規畫。籌碼簡單來說就是「誰在買賣」，若當有人「看好」市場，不斷地買，市場上漲機率就高；相反的，當有人「看壞」這項商品，不斷拋售，市場自然容易看到下跌。我每天會整理的籌碼有下面兩大類。

一、現貨交易資料

現貨三大法人買賣超金額：扣除自營商避險買賣金額。為何要做避險操作，主要因為自營商發行給投資人的衍生性商品「權證」，所以在權證這項商品，自營商與投資人是對立的，有時候非發行券商也會去買別家的權證來操作，因此當天如果權證賣出，發行自營商就會做避險操作，這個交易本身並沒有多空的看法。

現貨三大法人買賣名細：不要單獨看金額，建議最好進去看一下實際買賣的狀況，刪除一些和台股大盤不相干的ETF買賣內容。

二、期貨交易資料

外資：主要看期貨，選擇權基本上可以忽略。

自營：期貨、選擇權都看，自營商多數是組合策略。

期貨多空單請分開看，避免只看淨部位造成的誤判。

外資的選擇權，單純看選擇權契約金額多空部位即可。

大額交易人多空部位的比例。

籌碼是今天進場的部位，正常狀況下，法人的操作是獲利會抱緊，做錯也會很快認錯，因此開始看籌碼的時候，千萬不能掉入法人不會錯這個迷思。

圖64-1外資淨多單變化都是增加5000口，但是三個狀況完全不同，對於隔天

行情走勢影響也不一樣。圖64-2外資正常應該偏避險操作的PUT不買反賣，行情很難看到明顯的回檔走勢。

外資淨多單增加 5000 口			
多單	+5000	空單	0
注意隔日出現跳空開高，開盤價沒破不要偏空操作。			
多單	+2500	空單	-2500
隔日行情偏多看待，開平可做多。			
多單	+0	空單	-5000
注意高檔有重新建立空單的機會。			

圖 64-1 仔細觀察籌碼的項目，千萬不能光看淨部位變化

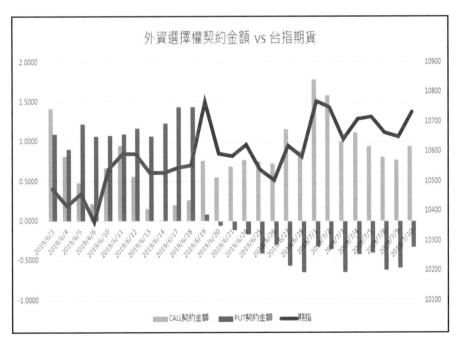

資料來源：作者整理

圖 64-2 外資選擇權部位契約金額比口數重要

Chapter 65 自救行情

　　法人難免也會有馬失前蹄的時候，當天早上已經進場布局好的籌碼，台股收盤後因為國際盤的變化，偶爾會有突發的狀況讓大人反應不及，如果碰到這種情況，請注意隔天的上半場是否會有「自救行情」出現。筆者一再勸誡交易人不要攤平，不要逆勢交易，因為我們是散戶，沒有能力去主導市場走勢；但是法人是有這樣能力的，這就是所謂的自救行情。法人會利用期貨領先現貨開盤15分鐘的這段沒有現貨影響的空窗期來發動，做法如下。

　　這類的走勢通常在台指期貨開盤後半小時內發生，因為如果拖得越久，法人付出的成本就會越高。同時請留意外資不是一個人，是一群人，這種自救過程中只要有人臨陣倒戈，行情會轉變得非常快。因此這樣的操作，沒有準備好的交易人，很容易在當天交易中受傷慘重。

　　來看一下，這邊用2015年11月12日的行情做範例，當天收盤的籌碼資訊。

　　台指期收盤上漲81點，當日低點8,354點。

　　外資多單增加1014口，空單減少2,241口，淨多單增加3,255口偏多。

　　自營商多單增加722口，空單減少1787口，淨多單增加2,509口偏多。

　　亞洲股市表現普通，但是下午歐洲股市開始下跌，美股四大指數收盤跌幅都超過1%。看到些數據後，隔天通常就有機會出現法人自救盤的情況。

　　2015年11月13日，台股跳空開低，在9點鐘現貨開盤時來到8,356點，前日低點沒有跌破，然後開始往上急拉，完全無視歐美前一晚的跌幅，正當市場氣氛火熱的時候，行情已經來到前一天的最高點，早上看著美股走勢進場追空的交易人認賠停損出場。接下來台股像是自由落體一般，連續下跌三段，不僅跌破早上的開盤區，更從高檔回檔154點將近1.82%。這種走勢，光看技術分析的操作者，盤後只能看著走勢圖，怎樣也想不透發生什麼事情。

這種狀況會是唯一嗎？不會的，畢竟地球是圓的，台股收盤後發生的事情，誰也無法預測，只好接受這樣的現況，我們也多了一種操作的特殊策略可以運用。

總結一下，自救行情發生在當盤後看到法人的籌碼增減部位（期、現貨都要看）和當天晚上國際盤走勢相反時，很有機會出現法人自救行情，可以跟著他們的動作去操作。

2015／11／12盤後數據			
期貨部位變化	多單	空單	淨單
外資	1014	-2241	3255
自營	722	-1787	2509
法人多增空減，提早多方布局，準備隔日上漲走勢。			
期現貨價差	32.91	前日價差	-35.01
前日高點	8461	前日低點	8354

圖 65-1 當市場反應出乎外資意料，會引發一波自救行情

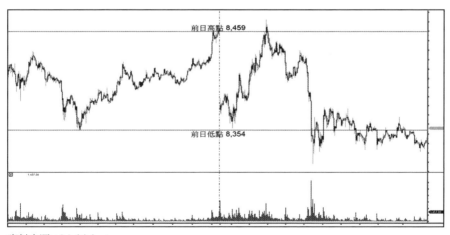

資料來源：Multicharts

圖 65-2

Chapter 66　現貨開盤爆量

每天上午台股現貨開盤的時候，請養成習慣，觀察第一個5分鐘的成交量，這個動作主要用來預估當天的成交量能。我的領先指標工具中，會計算開盤的成交量能，如果一早開盤出現40億的成交估量，當天就會繃緊神經，因為即將會有大事情要發生。

由於不是每個交易人都有那樣的工具，這邊介紹另一個方法，早上現貨第一個5分鐘結束後，觀察一下成交量，如果超過百億，當天的預估成交量將會落在1,500億之上，如果第一盤出現150億，當天可能會有1,800億以上的大量，這個成交量在過去10年內，都是一個非常重要的訊號。

▋ 跌破第一根紅K低點，空單進場

訊號出來了該怎麼操作？請注意一個重點，不是看到訊號就動作，這只是觀察訊號，必須等待確認訊號。如果當天開盤第一根K棒是上漲的紅色K棒，請將09:00~09:05之間的最低點做一個紀錄，跌破那個價格就是空單進場，不停損可以設為固定點數停損，或者寬裕一點用當時的最高價做停損。請注意第二種方法的停損範圍，必須控制好在當日可允許的最大停損內。

這個情況如果出現在期貨跳空開高日，威力更為驚人，往往市場在早上正在慶祝創高的喜悅中，瞬間風雲變色。其實這樣的操作，簡單的說，就是瞄準法人的操作習性，一般散戶很少在開盤做交易，如果早上出現了百億的買盤，跌破低點大概就是稍早的買盤全部套牢，這時候不管是法人的停損單，還是沿路獲利的投資人獲利出場單，都會讓行情回得又快又深。

附帶一提，這樣的操作，前一日的收盤價到達後，我會減碼空單，然後隨時注意反彈的出現，如果出現期貨5分K線連續出現兩次超過八千口的大量，就準備落袋為安，因為當天尾盤甚至隔天很容易出現反轉走勢。圖66-1就是2019年4月18日的案例。

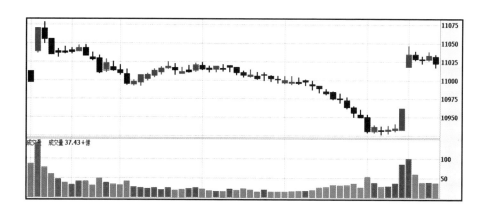

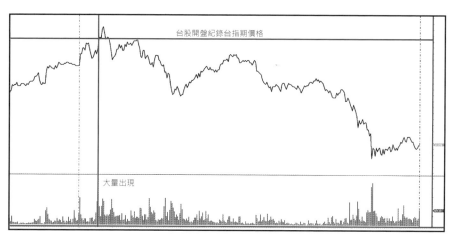

資料來源：Multicharts

圖 66-1 現貨開盤爆大量，跌破低點，停損單會瘋狂湧出，必須留意

Chapter 67 第四根 K 棒策略

提到台股大盤的外資買賣超資料，這邊分享一個交易策略。通常當我整理到外資前一日現貨買賣超金額異常大量的時候，經驗值是50億元之上，隔日的現貨開盤時，會出現追價進場買賣的情況，前日買超50億之上市場容易追買，相反則是賣單出現。這個時間如果以台指期來看，就是第四根5分 K 棒開始的時候。因此，那會是一個早盤可以操作的策略。

圖67-1是2019年10月15日發生的情況，前一日出現外資在10／09賣超71.97億元之後，隔天轉賣為買，買超了152.03億元，就算沒能15日開盤多單進場，也都要掌握住現貨開盤前進場做多的機會，那根 K 棒進場後，很快就脫離成本區，吃下今天第一筆獲利。

▊ 看清外資買賣明細，避免錯誤解讀

另一個例子，2019年8月2日外資在上櫃的買賣資料，當天看到外資買超了77.5億元，如果單純看到買賣金額而沒有進去看個股買賣明細，就不會發現買超排行前幾名都是ETF，和台股並沒有相關，就在隔天進場做多的話，兩天跌了將近4%。這也是一個「資訊落差」的陷阱，你所看到的，並不一定是你想像的那樣，既然要查資料，就應該按部就班查到底。坊間不少部落格版主，很多時候也犯了這樣的錯誤，沒有去檢視細節，就直接用了粗略的資訊去解讀，實在是「失之毫釐，差之千里」。

類似的交易資訊，MSCI和FTSE指數每一季都會有一個權重調整日，往往在當天的最後一盤，會出現天量的成交量。例如2019年11月26日，當天現貨大盤收盤前5分鐘，出現884.09億的大量黑 K 棒，下跌39.84點，盤後也是一堆股票名嘴，沒有確實查證內容，就公開說行情要反轉，殊不知當天外資還是買超3.74億元，而後續指數也在站上當時高點後，展開一波500點的上漲行情。

數字是不會錯誤的，造成錯誤的通常是解讀的人，當你只用短期的數據、片面的資訊去解讀，就如同瞎子摸象，最後就成為市場多數人的誤解：籌碼無用論。

圖 67-1 外資現貨出現 50 億以上大量買賣超，注意第二天的第四根 K 線

名次	股票名稱	買超				收盤價	漲跌
		買進	賣出	買超張數	買超金額		
1	凱基金融債20+ (00778B)	31,001	0	31,001	1,443,406	46.22	0.29
2	元大AAA至A公司債 (00751B)	29,501	0	29,501	1,376,667	47.16	0.89
3	國泰A級科技債 (00781B)	24,000	0	24,000	1,099,468	46.03	0.82
4	群益15年IG科技債 (00723B)	18,000	0	18,000	790,581	44.10	0.64
5	中信高評級公司債 (00772B)	12,500	0	12,500	578,737	46.77	0.97
6	富邦全球投等債 (00740B)	12,000	0	12,000	576,334	48.30	0.61
7	國泰A級公司債 (00761B)	12,000	0	12,000	569,930	47.92	0.85
8	富邦A級公司債 (00746B)	12,000	0	12,000	552,880	46.37	0.71
9	凱基科技債10+ (00750B)	12,001	0	12,001	544,005	45.07	0.36
10	群益25年美債 (00764B)	12,000	0	12,000	543,140	45.41	1.20
11	元大投資級公司債 (00720B)	12,000	0	12,000	534,320	44.91	0.77
12	元大美債20年 (00679B)	12,001	0	12,001	522,964	43.68	1.10
13	富邦美債20年 (00696B)	11,000	0	11,000	500,489	45.65	1.16

資料來源：作者整理

圖 67-2 外資買賣資料的運用要「查」到底

第六篇

散戶改造60天

Chapter 68 交易四象限

　　圖68-1為我臉書粉絲專頁的圖片，將交易分成四個象項，分別由「看法」和「做法」來做分類，分類的結果就是這四種狀況。其中的「看法」是對市場的判斷，而「做法」則是部位的處置。然而，多數的朋友只想學「看法」，極少數的人願意檢討「做法」。為何呢？人性使然。「看法」是自己對市場的解讀，市場是活的，所以看錯可以歸咎於市場的多變；而「做法」則是自己對自己的要求，承認自己沒有把事情做對，是困難的。

　　而對應這四個象限而產生的，就是交易的四個結果，看對、做對是贏家，得到的是大賺；看錯、做對是停損，判斷錯誤卻能用紀律來控制損失，往往是小賠出場；看對、做錯是最讓人惋惜的，正確的判讀了市場，卻沒有處理好部位，而讓獲利減損；最要不得的是看錯又做錯，就如同前面提的兩個例子，不論是錯誤的部位沒走凹單，或是繼續輸錢加碼的攤平，最後都是大賠出場。

▎避免大賠，不攤平、不凹單、不放大槓桿

　　交易如何能賺到錢？只要除掉大賠，用小賺小賠去抵銷，耐心等待偶爾出現的大賺行情，就是賺錢之道。市場上有這麼一句話，「不輸＋時間＝一定贏」，沒有人可以做到「不輸」，我們關注的重點在於不要「大賠」。只要交易中不要出現超額的虧損，用對的方式操作，長期下來的結果，賺錢只是做對事情的紅利而已。

　　如何避免「大賠」？相信做過交易的朋友都會不由自主地會心一笑，因為每個交易人都有這樣的經驗：重倉—放大槓桿，不認輸—凹單，甚至有人還加上大無敵—攤平交易，三合一的結果，往往一次就被市場痛擊。可笑的事情是，這樣的錯誤，幾乎每個交易人都不只受傷一次，卻找不到脫困的方法。反過來做，就好啦。「不攤平」、「不凹單」、「不放大槓桿」，三不原則，請牢記。

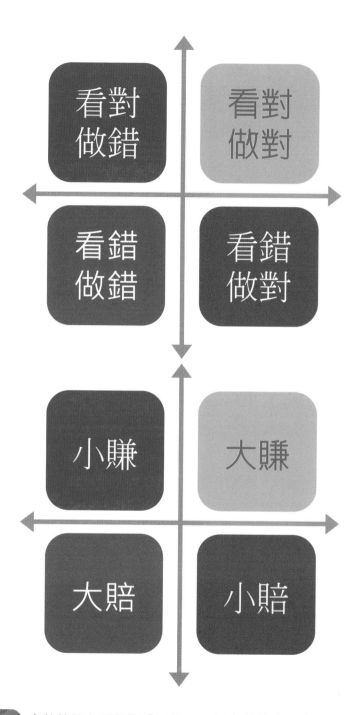

圖 68-1 多數的朋友只想學「看法」，極少數的人願意檢討「做法」

Chapter 69　交易檢討

　　每一次的失敗，都意味著離成功更進一步！你真的這樣覺得嗎？如果這是真的，市場上應該沒有人輸錢才對。每次交易，不外乎兩種結果，「賺錢」或是「賠錢」。大家都喜歡「賺錢」，先來看看賺錢後的狀況，有些人會自我獎勵、吃一頓大餐或是幫家人添購禮物。「輸錢」的時候呢？關掉電腦螢幕、等待下一個交易日，重新到市場上去找新的方法；大多數的人會安慰自己只是運氣不好而已，明天會更好。

　　當然也有些人會做自我檢討：看著輸錢的單子，想著如何能如何提高進場的準確率，放大獲利的交易，降低虧損的金額。但是，這些都是錯誤的檢討，因為你一開始的方向就錯了。

▌即使賺錢，也一定有做錯的地方

　　交易賺錢與否，並不是「做對」或「做錯」。市場上多數人追求交易高手的鉅額對帳單，如同偶像般的崇拜，這是徹底的錯誤。為何說賺錢的交易不一定是對的？我舉一個例子來說明：這是某位朋友實際的交易紀錄，當天他總共建立了四個部位，全部都是空單進場，一直到收盤出場，按照紀錄，當天這位朋友是賺錢的，讓我們來幫他檢討一下，幾個進場的理由分別是：

　　1. 形態學 M 頭破頸線放空 7056。

　　2. 反彈前面小高點加碼放空 7064 。

　　3. 跌破前面支撐前加碼空 7053 。

　　4. 最後落底前再加碼空 7038。

　　5. 尾盤收盤出場 7026。

看起來是豐收的一天，但是中間犯了幾個錯誤，你看到沒？我來整理一個表格，看看你答對了幾個。

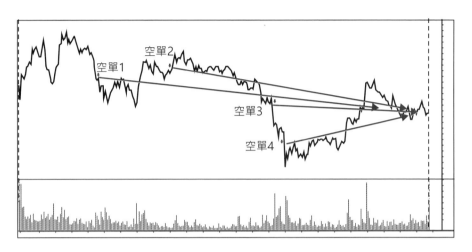

圖 69-1 當日進場位置圖

進場序	價格	理由	均成本	風險	獲利	狀況
01	7056	M頭破頸線	7056	-16	30	優秀
02	7071	前高壓力區	7064	-35	45	逆勢／攤平
03	7031	破頸線	7053	-4	5	優秀
04	6993	破平台	7038	-65	-33	風險過高
合計					47	

資料來源：作者整理 & Multicharts

圖 69-2 逐筆進場出場檢討，02 和 04 兩筆為錯誤操作

Chapter 70　賺錢不等於做對了交易

　　前面的例子，你看到幾個答案？最後的交易結果是賺錢出場，但是當天四筆交易中，就有兩筆出現問題。這還算是一個幸運的例子，我看過有人當沖連續逆勢攤平了3筆交易，然後輸錢轉成留倉部位，最後賺了2,400元出場。這位朋友在當時群組中的發言蠻踴躍的，後來也漸漸從群組內消失了，相信他的交易路，應該一路跌跌撞撞。苦海無涯，回頭是岸啊！

　　這個案例我曾經記錄在臉書上，那位交易人是2018年11月28日當沖交易開始建立空單部位，連續逆勢攤平3筆，然後就把當沖交易變成留倉的波段部位了；結果隔日跳空開高，開盤瞬間3筆單子總損失超過500點（約當100,000損失），然後一開盤他又繼續攤平加空，這樣的部位，維持了兩天。到了第三天11月30日，剛好當天是MSCI權重調整日，我預期當日會有大行情，但是無法預測是往上漲還是往下跌，這位朋友在當天尾盤把所有部位平倉出場。

▋別以為虧損攤平就一定逆轉勝

　　你是否對於這樣的交易很熟悉？當沖交易輸錢，然後就開始瘋狂加碼，收盤把電腦一關，明天再來處理部位，所謂的處理，也不過就是繼續攤平，只要一回本，就把部位全部清倉。

　　慶幸的是，就在這位朋友出場後的兩天，行情上漲到10,150點，如果沒有11月30日的回檔讓他逃命，很難想像他的損失會是多少。這樣的交易人，學習到的錯誤經驗是，只要輸錢不出場，勇敢繼續攤平，就能夠逆轉勝。有種過程幾乎大家都經歷過，就是當你執行完停損，行情竟然開始反轉，好像全市場的主力都盯著我那小小的部位。此時，你得到的教訓，絕對不是改變做法，而是下次你要更堅持，再撐一下就過關了，永遠是這樣的惡性循環。

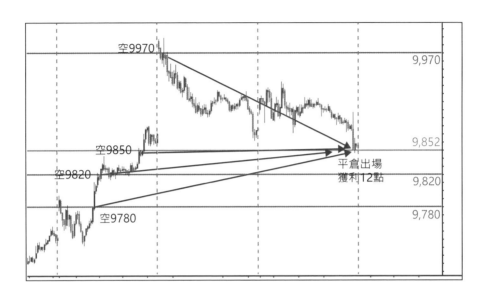

空9970

9,970

空9850

9,852

空9820

平倉出場
獲利12點

9,820

空9780

9,780

三百點行情

9,970

9,852

出場

9,820

9,780

資料來源：Multicharts

圖 70-1 攤平的交易，永遠是給自己製造爆倉的危機

Chapter 71 檢討的重點

前面提醒過了,再重複一次:「不要用交易的損益來評論對錯。」

檢討有三個重點:

1. 檢討不單純為了找出問題,而是學習改善。

2. 交易檢討請務必注意時間軸,不能倒果為因。

3. 將檢討的結果寫下來,才不會重複犯錯。

交易要檢討的內容,右邊提供一個表格給各位參考。表格主要分為四區,各區紀錄重點如下:

1. 當日進出紀錄:只要記錄進出場點位,不需要特別寫原因,交易者很容易為自己的錯誤找理由,每一次進出場都是一個獨立的狀況,除非是進場就立刻記錄下來原因,不然都是事後諸葛,反而影響了檢討準確性。

2. 當日統計資訊,記錄做多和做空的狀況:每個人的交易屬性不盡相同,我累積了上百位朋友的交易資料分析發現,擅長做多和做空的人,人格特質差異性很大,透過右圖的區塊2,能讓交易者真正了解自己的屬性,是擅長操作多方,還是空方,甚至有人是反市場屬性,上漲日多做空,下跌日老是做多。過去我們曾發現一位交易人,做空的機率很高,更特別的是,就算上漲日做空,也老是能穩定獲利,後來贏得了「空姊」的頭銜。

3. 日損益圖表和累積損益圖表:交易有沒有犯下致命失誤,這一個區塊馬上能夠抓到問題,多數交易者只關心那條損益曲線是否左下右上一路爬升,但更重要的是,我們透過這個圖表,一目了然看到日內損益是否出現爆倉的狀況。

4. 交易結果分析:所有資訊最後分門別類處理,看看交易人的強項和弱點,交易並不是努力學習就一定有成效,我將重點放在讓大家了解自己的弱勢,在我們不擅長的交易日,小輸為贏。

這是我7月分的交易紀錄，每天大約有將近200位朋友參與見證。當月績效不錯，一口單可以賺取超過350點的績效。

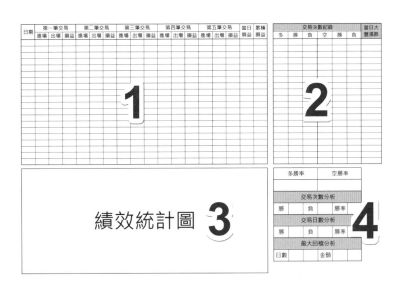

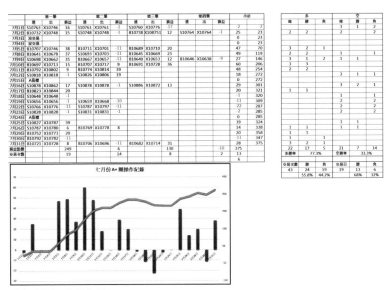

資料來源：作者整理

圖 71-1 真心檢討，績效才會提升

I. 進出場的檢討

前面的動作在檢討數據，想要再加強的交易人，我建議以下述的方式來做檢討。首先，請準備好一台印表機，同時準備幾種不同顏色的筆，每天收盤後，把當天的進出數據盡可能準確地標示在行情圖上。

K棒請用1分K來記錄，將進出場內容分別以不同的顏色標示出來，例如：多單進場以紅筆標示，空單進場用藍筆，出場單則統一用一個顏色，如果有加碼單也是同樣的方式標示上去。第二個動作，請另外準備兩個顏色的筆，將進出場點連線起來，分別標示出賺錢的交易和輸錢的交易。

這樣的做法，就如同拿放大鏡檢查你的交易，每一筆交易將無所遁形，進出場有沒有犯規？左邊的逆勢進場？停損沒有執行？輸錢的狀況下攤平？在圖上都會一覽無遺。

▌檢討看法與做法，並將之分類

接下來，還可以補上其餘的重點。若你已經在盤前做好規畫，當天規畫的資訊都可以補上去，這邊檢討的是「看法」。「看法」和「做法」都檢討後，還有一個重點，「請將紀錄分類」。你可以按照當天賺錢輸錢分類，去檢討什麼行情你輸錢；也可以按照當天的走勢去分類，歷史總是不斷重演，上漲盤、下跌盤、趨勢盤、震盪盤，都可以觀察出一些訊息。

這個盤勢分類的做法，我在期貨市場交易了多年之後，得知有位朋友也做同樣的事情，毫無意外的，那位也是一個常常從市場領錢的交易高手。

每天這樣的檢討過程，其實也就是把當天的盤重新複習一次，你會更清楚知道，自己哪一個地方看對看錯，又在哪邊做對做錯，這才是好的檢討。

資料來源：Multicharts

圖 71-2 以一分鐘 K 線記錄自己交易的過程，並詳加分類

II. 交易檢討的好處

「失敗為成功之母」，這句名言使得我們太專注於檢討失敗，而忽略了每個人的特質（對交易的影響）。喜愛冒險的人，要他在做決定前停下來「想一下」是很困難的；相對的，對於深思熟慮型的交易人，要他們用野獸的本能去交易，也是不容易的。我建議大家，養成累積小成功的經驗，每次的小成功都給我們正增強，我們不但要避免犯錯，更要勇敢做對的事情。

沒有交易檢討，只是一味學習如何做好交易，就像是緣木求魚。如果是有系統的進修研究還好，可惜一般人往往掉入追求名師的迷思，每隔一段時間市場總會冒出幾位交易不錯的新鮮人，在資訊充斥的時代，只要多做點廣告，很快就吸引大家的目光，特別是台股這幾年的大趨勢中，只要傻傻做多，人人都可以是期神。

▌想精進交易，檢討比學習更重要

市場上沒有最好的交易，只有最適合自己的交易。有些人「本多終勝」可以不斷入金；有些人賭性堅強，隨時就想梭哈；而大多數的交易人並不了解自己的交易本質。想要精進交易，請先停止學習，應該反過來好好透過交易檢討，了解自己，然後發揮長處，減少失誤。

我在2018年開始進行一個實驗工作，訓練幾位交易上無法成功的朋友做盤後檢討，藉由每天幫他們追蹤交易的方式，檢討問題，重複執行。經過一段時間後，確實有朋友真的因此改善交易的品質，當然最直接反映在損益明細上。請專心於交易，而不是專注於損益，交易只要好好的做，就能看到成果。這個實驗成功的比例，大約有兩成，更有趣的是，女性成功機率高於男性，這個差別應該就是一個用「心」交易，一個用「腦」交易的最好答案。

分享一個個案，我的一位朋友是非常認真學習的交易人，在跟我學習之前，也找過不少老師，學了很多交易技巧，卻無法賺錢。經過一個半月的改造，在「制約期」績效仍是一路輸錢，直到養成良好習慣，確實做好我們的約定，績效穩定上

升，這個階段是「實踐期」。

2018年底請她自己進行交易，所以中間有兩個月績效停止記錄，隔年2月再回來檢討，看到「茁壯期」的優異成果。這位朋友因為不方便公開交易明細，我們僅提供績效圖讓大家看，這是一口大台包含進出成本的實際結果，7個月的交易，大約獲利70萬元。

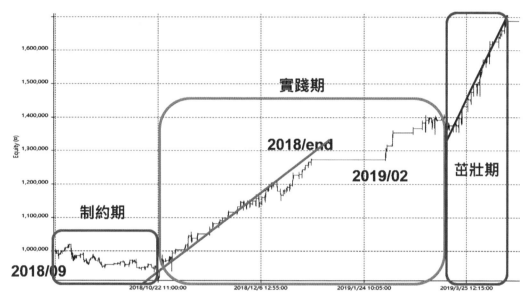

資料來源：Multicharts

圖 71-3 認真檢討，不過仍要經過一段制約期，績效才會改善

損益 V 轉的改變

這邊再分享另外一位朋友的交易，和前面一位一樣，交易都無法賺錢，在他開始做檢討的第一個月，績效不但沒有改善，反而更擴大損失，一度懷疑我們這個做法是否正確。這確實很痛苦，特別對我來說，因為這個實驗不是用模擬交易進行，是參加實驗的朋友實際檢討交易紀錄，看到他們輸錢，那個壓力真的不足為外人道。

所幸這位朋友願意給自己3個月的時間改善，3個月之後，整個交易看到大幅改變，損益也出現一個戲劇化的V轉，經過他的同意，我們公布了過程中的明細，因為篇幅有限，僅提供每個月最後一頁的彙總紀錄。

過程中我們指導了什麼新的交易策略嗎？沒有！就是讓交易人把「感覺」轉換成「紀錄」，然後修正錯誤，重複練習，真的做到讓交易和呼吸一樣簡單。希望這幾個個案能給大家一些啟發。

交易週期	日平均損益	日平均交易次數
2／11~2／28	-766	8.18
3／1~3／31	-1396.7	7.15
4／4~4／30	1300	6.25
5／1~5／3	2781	5.5

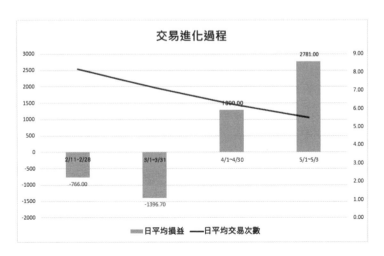

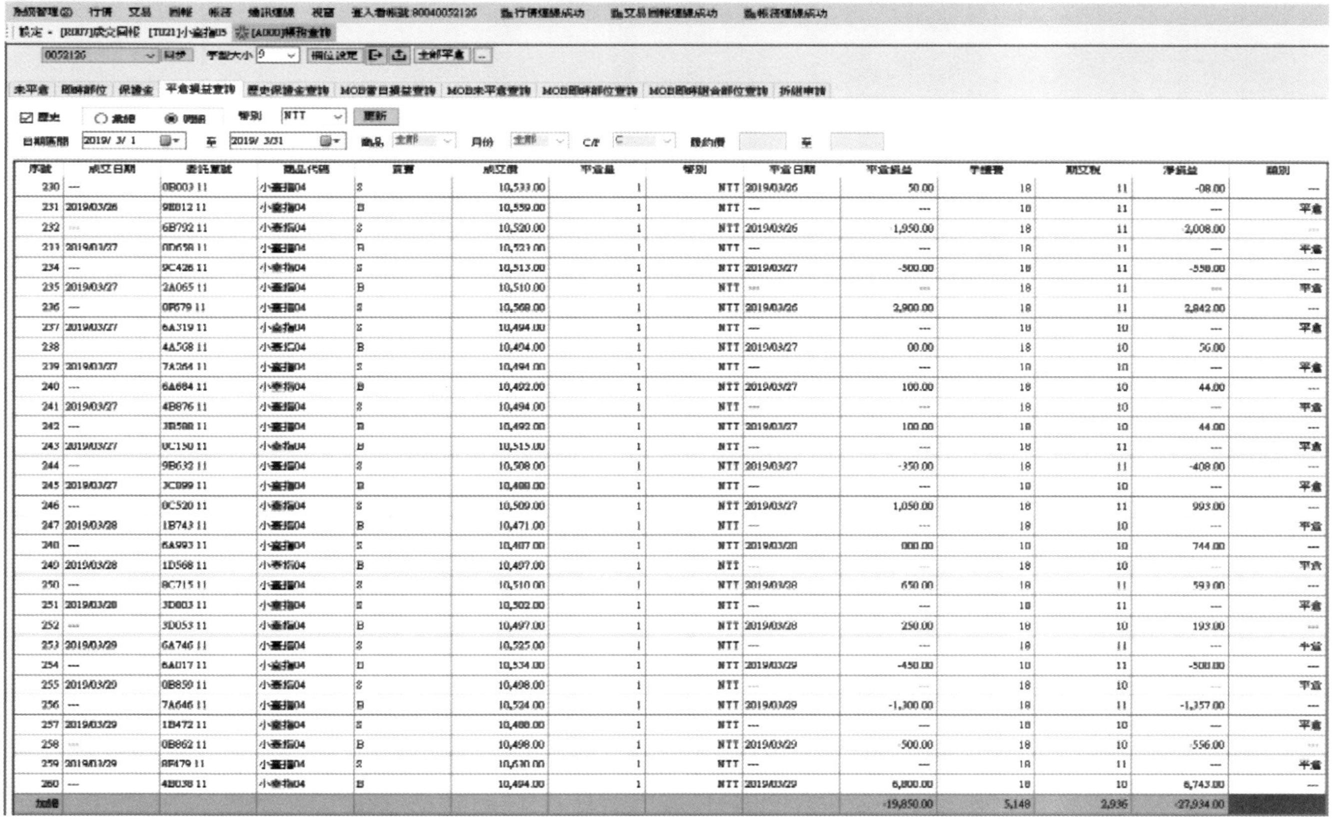

序號	成交日期	委託單號	商品代碼	買賣	成交價	平倉量	幣別	平倉日期	平倉損益	手續費	期交稅	淨損益	類別
230	---	0B003 11	小臺指04	S	10,533.00	1	NTT	2019/03/26	50.00	18	11	-08.00	---
231	2019/03/26	9E012 11	小臺指04	B	10,559.00	1	NTT	---	---	18	11	---	平倉
232	---	6B792 11	小臺指04	S	10,520.00	1	NTT	2019/03/26	1,950.00	18	11	2,008.00	---
233	2019/03/27	0D658 11	小臺指04	B	10,523.00	1	NTT	---	---	18	11	---	平倉
234	---	9C426 11	小臺指04	S	10,513.00	1	NTT	2019/03/27	-500.00	18	11	-558.00	---
235	2019/03/27	2A065 11	小臺指04	B	10,510.00	1	NTT	---	---	18	11	---	平倉
236	---	0F679 11	小臺指04	S	10,568.00	1	NTT	2019/03/26	2,900.00	18	11	2,842.00	---
237	2019/03/27	6A319 11	小臺指04	S	10,494.00	1	NTT	---	---	18	10	---	平倉
238		4A568 11	小臺指04	B	10,404.00	1	NTT	2019/03/27	00.00	18	10	56.00	
239	2019/03/27	7A364 11	小臺指04	S	10,494.00	1	NTT	---	---	18	10	---	平倉
240	---	6A684 11	小臺指04	B	10,492.00	1	NTT	2019/03/27	100.00	18	10	44.00	---
241	2019/03/27	4B876 11	小臺指04	S	10,494.00	1	NTT	---	---	18	10	---	平倉
242	---	3B588 11	小臺指04	B	10,492.00	1	NTT	2019/03/27	100.00	18	10	44.00	---
243	2019/03/27	0C150 11	小臺指04	B	10,515.00	1	NTT	---	---	18	11	---	平倉
244	---	9B632 11	小臺指04	S	10,508.00	1	NTT	2019/03/27	-350.00	18	11	-408.00	---
245	2019/03/27	3C899 11	小臺指04	B	10,488.00	1	NTT	---	---	18	10	---	平倉
246	---	0C520 11	小臺指04	S	10,509.00	1	NTT	2019/03/27	1,050.00	18	11	993.00	---
247	2019/03/28	1B743 11	小臺指04	B	10,471.00	1	NTT	---	---	18	10	---	平倉
248	---	6A993 11	小臺指04	S	10,487.00	1	NTT	2019/03/28	800.00	18	10	744.00	---
249	2019/03/28	1D568 11	小臺指04	B	10,497.00	1	NTT	---	---	18	10	---	平倉
250	---	8C715 11	小臺指04	S	10,510.00	1	NTT	2019/03/28	650.00	18	11	593.00	---
251	2019/03/28	3D803 11	小臺指04	S	10,502.00	1	NTT	---	---	18	11	---	平倉
252	---	3D053 11	小臺指04	B	10,497.00	1	NTT	2019/03/28	250.00	18	10	193.00	---
253	2019/03/29	6A746 11	小臺指04	S	10,525.00	1	NTT	---	---	18	11	---	平倉
254	---	6A017 11	小臺指04	B	10,534.00	1	NTT	2019/03/29	-450.00	18	11	-508.00	---
255	2019/03/29	0B859 11	小臺指04	S	10,498.00	1	NTT	---	---	18	10	---	平倉
256	---	7A646 11	小臺指04	B	10,524.00	1	NTT	2019/03/29	-1,300.00	18	11	-1,357.00	---
257	2019/03/29	1B472 11	小臺指04	S	10,488.00	1	NTT	---	---	18	10	---	平倉
258	---	0B862 11	小臺指04	B	10,498.00	1	NTT	2019/03/29	-500.00	18	10	-556.00	---
259	2019/03/29	8F479 11	小臺指04	S	10,630.00	1	NTT	---	---	18	11	---	平倉
260	---	4B038 11	小臺指04	B	10,494.00	1	NTT	2019/03/29	6,800.00	18	10	6,743.00	---
加總									-19,850.00	5,148	2,936	-27,934.00	

資料來源：作者整理

圖 72-1 詳實的紀錄可以發現問題，持之以恆就能看到改善，三個月習慣養成！

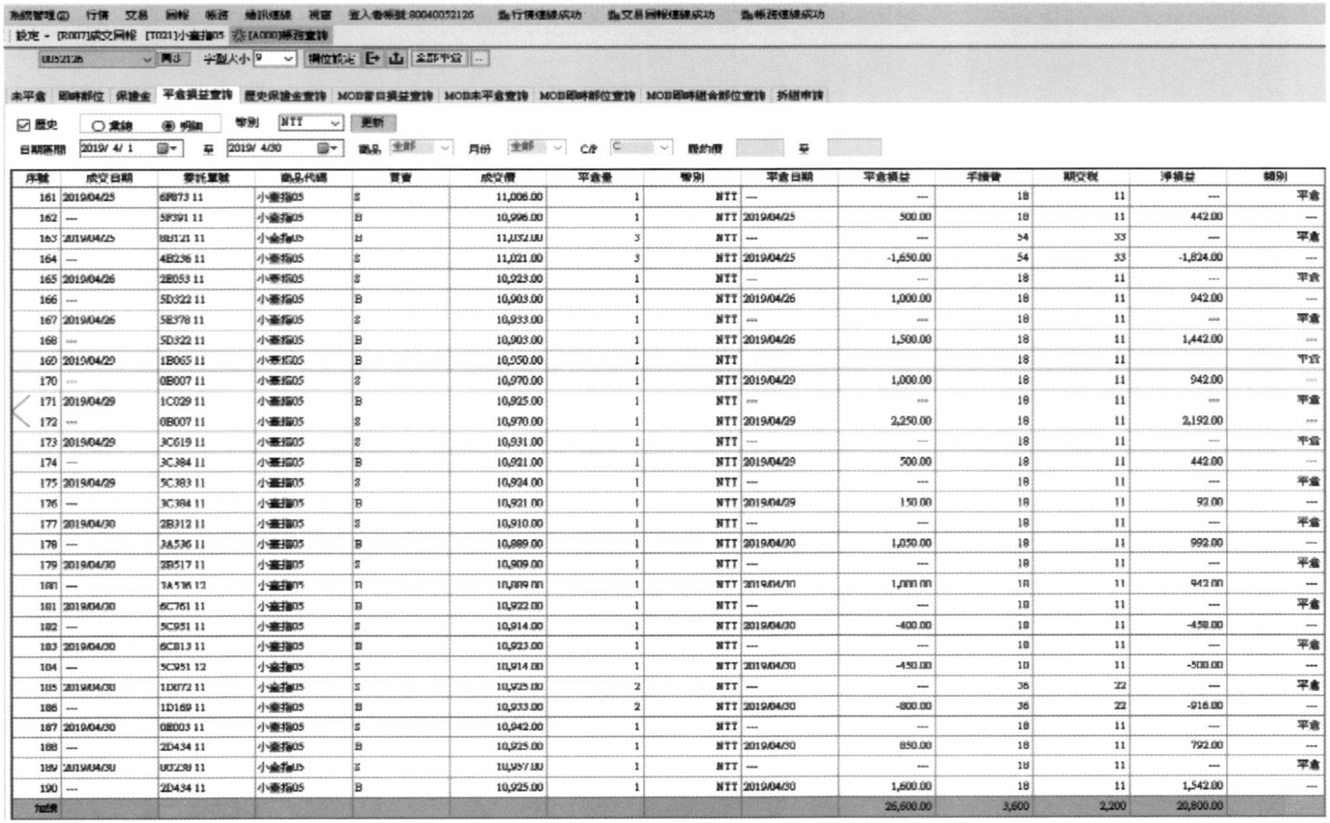

序號	成交日期	委託單號	商品代碼	買賣	成交價	平倉量	幣別	平倉日期	平倉損益	手續費	期交稅	淨損益	類別
161	2019/04/25	6P873 11	小臺指05	S	11,006.00	1	NTT	---	---	18	11	---	平倉
162	---	5P391 11	小臺指05	B	10,996.00	1	NTT	2019/04/25	500.00	18	11	442.00	---
163	2019/04/25	8B121 11	小臺指05	B	11,032.00	3	NTT	---	---	54	33	---	平倉
164	---	4B236 11	小臺指05	S	11,021.00	3	NTT	2019/04/25	-1,650.00	54	33	-1,824.00	---
165	2019/04/26	2E053 11	小臺指05	S	10,923.00	1	NTT	---	---	18	11	---	平倉
166	---	5D322 11	小臺指05	B	10,903.00	1	NTT	2019/04/26	1,000.00	18	11	942.00	---
167	2019/04/26	5E378 11	小臺指05	S	10,933.00	1	NTT	---	---	18	11	---	平倉
168	---	5D322 11	小臺指05	B	10,903.00	1	NTT	2019/04/26	1,500.00	18	11	1,442.00	---
169	2019/04/29	1B065 11	小臺指05	B	10,950.00	1	NTT			18	11		平倉
170	---	0B007 11	小臺指05	S	10,970.00	1	NTT	2019/04/29	1,000.00	18	11	942.00	---
171	2019/04/29	1C029 11	小臺指05	B	10,925.00	1	NTT	---	---	18	11	---	平倉
172	---	0B007 11	小臺指05	S	10,970.00	1	NTT	2019/04/29	2,250.00	18	11	2,192.00	---
173	2019/04/29	3C619 11	小臺指05	S	10,931.00	1	NTT	---	---	18	11	---	平倉
174	---	3C384 11	小臺指05	B	10,921.00	1	NTT	2019/04/29	500.00	18	11	442.00	---
175	2019/04/29	5C383 11	小臺指05	S	10,924.00	1	NTT	---	---	18	11	---	平倉
176	---	3C384 11	小臺指05	B	10,921.00	1	NTT	2019/04/29	150.00	18	11	92.00	---
177	2019/04/30	2B312 11	小臺指05	S	10,910.00	1	NTT	---	---	18	11	---	平倉
178	---	3A536 11	小臺指05	B	10,889.00	1	NTT	2019/04/30	1,050.00	18	11	992.00	---
179	2019/04/30	2B517 11	小臺指05	S	10,909.00	1	NTT	---	---	18	11	---	平倉
180	---	3A536 12	小臺指05	B	10,889.00	1	NTT	2019/04/30	1,000.00	18	11	942.00	---
181	2019/04/30	6C761 11	小臺指05	B	10,922.00	1	NTT	---	---	18	11	---	平倉
182	---	5C951 11	小臺指05	S	10,914.00	1	NTT	2019/04/30	-400.00	18	11	-458.00	---
183	2019/04/30	6C813 11	小臺指05	B	10,923.00	1	NTT	---	---	18	11	---	平倉
184	---	5C951 12	小臺指05	S	10,914.00	1	NTT	2019/04/30	-450.00	18	11	-508.00	---
185	2019/04/30	1D072 11	小臺指05	S	10,925.00	2	NTT	---	---	36	22	---	平倉
186	---	1D169 11	小臺指05	B	10,933.00	2	NTT	2019/04/30	-800.00	36	22	-916.00	---
187	2019/04/30	0E003 11	小臺指05	S	10,942.00	1	NTT	---	---	18	11	---	平倉
188	---	2D434 11	小臺指05	B	10,925.00	1	NTT	2019/04/30	850.00	18	11	792.00	---
189	2019/04/30	0U238 11	小臺指05	S	10,957.00	1	NTT	---	---	18	11	---	平倉
190	---	2D434 11	小臺指05	B	10,925.00	1	NTT	2019/04/30	1,600.00	18	11	1,542.00	---
加總									26,600.00	3,600	2,200	20,800.00	

資料來源：作者整理

圖 72-2

帳號 ▾ [A000]綜合帳戶

000052126

☑ 歷史　○起訖　◉ 當日　類別 NTT ⌄　更新

日期區間 2019/ 5/ 1 ▾　至　2019/ 5/ 3 ▾

序號	成交日期	委託單號	商品代號	買賣	成交價	平倉量	平倉日期	平倉損益	手續費	成交稅	類別
1	20190502	0B39911	小臺指05	B	10,997.00	2	NTT 20190502	---	36	22	平倉
2	---	7A79911	小臺指05	S	10,997.00	2	NTT 20190502	-1,000.00	36	22	平倉
3	20190502	6B7711	小臺指05	S	11,013.00	2	NTT 20190502	-1,000.00	36	22	平倉
4	---	2B6911	小臺指05	S	11,013.00	2	NTT 20190502	---	36	22	平倉
5	20190502	2C8211	小臺指05	B	10,971.00	1	NTT 20190502	-1,116.00	18	11	平倉
6	---	2C5711	小臺指05	B	11,009.00	1	NTT 20190502	1,842.00	18	11	平倉
7	20190502	6B7911	小臺指05	B	10,979.00	1	NTT 20190502	1,900.00	18	11	平倉
8	---	2C37811	小臺指05	B	11,009.00	1	NTT 20190502	1,550.00	18	11	平倉
9	20190502	8B5411	小臺指05	S	11,009.00	1	NTT 20190502	100.00	18	11	平倉
10	---	6B7911	小臺指05	B	10,977.00	1	NTT 20190502	---	18	11	平倉
11	20190503	4A4011	小臺指05	B	11,001.00	1	NTT 20190503	42.00	18	11	平倉
12	---	5A6911	小臺指05	B	10,981.00	1	NTT 20190503	942.00	18	11	平倉
13	20190503	3A3911	小臺指05	B	11,014.00	1	NTT 20190503	---	18	11	平倉
14	---	3A3911	小臺指05	S	10,981.00	1	NTT 20190503	1,650.00	18	11	平倉
15	20190503	1B2411	小臺指05	B	10,990.00	1	NTT 20190503	1,000.00	18	11	平倉
16	---	9A3911	小臺指05	B	11,010.00	1	NTT 20190503	942.00	18	11	平倉
17	20190503	1B2411	小臺指05	B	10,990.00	1	NTT 20190503	---	18	11	平倉
18	---	9A3911	小臺指05	S	11,010.00	1	NTT 20190503	942.00	18	11	平倉
加總								6,200.00	396	242	3,562.00

圖 72-3

資料來源：作者整理

Chapter 73　接受失敗

「只要有心，人人都可以是食神！」這是周星馳電影中的台詞，交易只要檢討之後，每個人也可以變期神嗎？這個問題答案絕對是「不會」。交易的檢討，只是第一個過程，「發現問題」。問題發生之後，要不要改變？如何改變？是第二個過程。進到第二層的修練後，又會再次撞牆，周而復始。我用繞著金字塔往上走來比喻，走了一圈你會回到同樣的方向，但是這一次你會站得更高，挑戰也更加艱難。

曾經有一位學生，他的交易勝率奇高，勝率將近8成，是萬中選一的當沖高手，卻也因為這樣的勝率，讓他一直在期貨交易這條路上跌跌撞撞。為何會這樣？當你擁有8成的操作勝率，心態就會自大，感覺自己是交易之神，一天的交易中如果有5次出手機會，連續失敗2次，就覺得下次進場絕對能贏錢，如果沒贏呢？第4次出手時就接近瘋狂，到了第5次就會崩潰。周而復始循環，已經看他下定決心離開市場3次，再見面時，又是練好了絕世武功，準備回來台指市場打怪。下場呢？答案已經說在前面了。

▊ 懂得處理失敗，就不容易陣亡了

交易的檢討，多數人把焦點集中在損益曲線，每個人都希望左下右上，而且角度越陡峭越好。現實世界內有沒有那樣的成功案例？我相信是有的，可惜那不是凡人可以達成的。我在市場交易很長一段時間後，確定自己的交易類型，自許為期貨公務員，「不求大勝，只求會敗」。古人有云：「善戰者不敗，善敗者不亡。」做交易者，如果懂得處理失敗，就不容易從市場陣亡了。

我2019年7月又做了一次實驗，在公開群組中邀請大家分享每一天進出場績效，只有一個重點：「當天連續停損2次不交易」。7月分開始的績效很不錯。之後呢？8、9月就陷入苦戰，不少人就放棄或開始自己的做法，這些人都沒能等到10月分的大禮。

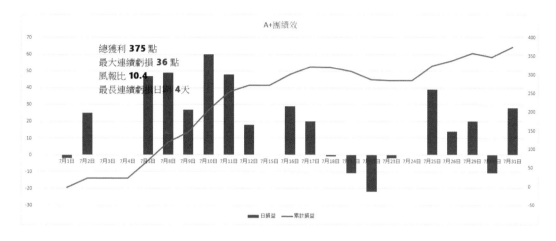

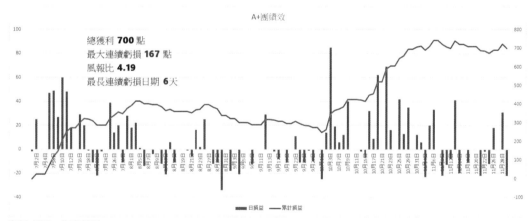

資料來源：作者統計

圖 73-1 交易績效追蹤（日損益／累積損益）

Chapter 74　SMART 交易

100 Pictures

　　學會檢討的SOP就能改善交易嗎？有些交易人確實可以從發現問題改善交易，但是比例非常低。畢竟這些錯誤的習慣其來有自，甚至很多不是錯誤的習慣，而是過去不斷學習到「正確且必須」的行為。就拿右邊進場這個事情，經驗上告訴我們，既然有低價我們沒買，怎麼可以去買高的價格呢？這是一種浪費。

　　所以，必須要有一套好的方法改善我們的交易。2019年開始，我分享一套SMART管理的方式，讓交易人學習到如何改善交易。SMART是管理學大師彼得·杜拉克提出的SMART原則中五個字母，分別對應了五個英文字：Specific（具體）、Measurable（可度量）、Attainable（可實現）、Relevant（相關）和Time-based（有時限）。以下說明如何運用於交易的改善。

　　具體（Specific）： 用具體的語言清楚說明要達成的行為標準。例如：每天控制交易次數到幾次、每天最大損失是多少、每次持倉最短時間。

　　可度量（Measurable）： 指目標應該是明確的，而不是模糊的。應該有一組明確的數據，用來衡量是否達成目標。能量化的量化，不能量化的質化。做法：進出場的詳細資訊、損益的統計。

　　可實現（Attainable）： 目標必須是可實現、達到的。最好可以透過集體的監督，讓行為持續進行，同時要避免設立過高或過低的目標。例如：我要天天賺10萬元，這種目標對一般人來說難以達成，不是好的目標；虧損後下一筆交易進場前暫停5分鐘，這樣的目標就合理許多。

　　相關性（Relevant）： 這個目標必須能連結到績效的變化，如何讓干預和交易有關聯性。例如：每次結束交易後，要做幾個深呼吸，重新穩定情緒，再找尋下一個進出場機會。

　　時限（Time-based）： 太短的期限看不到成果，太長的時間很難堅持。聽過一個說法嗎？一個習慣的養成需要21天，大約就是一個月的交易時限，所以，我

會建議用一季的時間來循序改善。2018年10月，我參加了一個比賽，減重比賽，參與的十幾位朋友中，有好幾位是專職交易人，大家約定兩個月為期限挑戰。28位選手兩個月共減掉了211.1公斤，第一名選手體重由81公斤變成68.3公斤。我當年花了9個月，從102.4公斤甩掉16.9公斤。從此可見，這些成功的交易人，基本上都不是「正常人」。

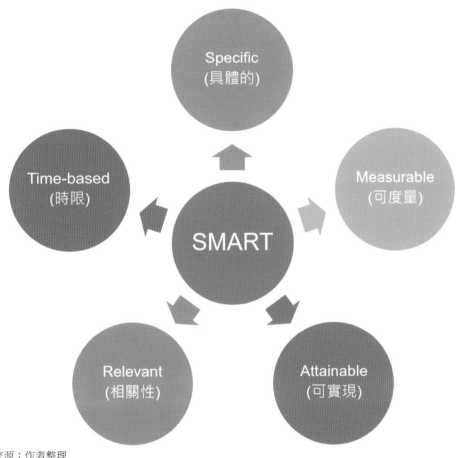

資料來源：作者整理

圖 74-1 交易的 SMART 管理方式

Chapter 75 人腦和電腦能競賽嗎？

　　我的交易開始於人工交易，然後經過程式交易淬鍊，最後再回到人工交易上。人腦是否可以和電腦競賽？實在很難回答，尤其是我並非資訊人才，所接觸的程式交易範疇，也僅止於簡單條列式的判斷，例如前面提到的幾個案例，開盤後半個小時，計算這一段時間內的高低點，然後在突破高低點進場。這樣的交易方式，只能算是機械化交易，完全不能說是 AI 的交易策略。

　　進階的交易者，變成多策略多週期多商品的操作，不妨這樣思考，你養了一群員工，有個員工每天早上負責開門，有的負責打掃，也有的專職收發信件，每個員工都執行好該做的事情。

　　這個公司可以運作順利，但面對詭譎的市場，單純用價格變化做交易，特別是當沖，確實力有未逮。2018 年我拜訪了自由人的操盤室，看到每個人面前的螢幕，同時接收多種資訊，最後透過人腦整合，電光火石之間做出決定，按下鍵盤完成一筆交易，看著螢幕上損益數字的跳動，這是否是你追求的交易人生呢？

自己練好功，機器未必能打敗你

　　這些年市場上程式交易當道，確實有些朋友是靠著程式交易賺到錢。考古題寫得好，大學聯考就一定能上台大嗎？絕對不是這樣的，若只是規規矩矩做考古題還好，事實上，看過太多虛假的報表，市場上有少數人是利用程式交易的回測資訊，讓你看到不實績效。

　　提供幾個資訊讓大家參考，巴克萊銀行是英國第二大銀行，有逾 300 年歷史，是英國最古老的銀行。巴克萊追蹤過去 30 年投資銀行部門的基金績效，按照系統交易和主觀交易的分類，可以觀察到主觀交易並不遜色。另外，我也追蹤過去三年兩檔美股基金的走勢，分別是 Robotics and Automation Index ETF（ROBO），以及 Vanguard S&P 500 ETF。比較過去幾年的表現，所謂的 AI 和系統化交易並

沒有強大到無法擊敗，希望這個結果可以讓你增加一些信心。當然，前提是你必須要求自己做到更好、更強。

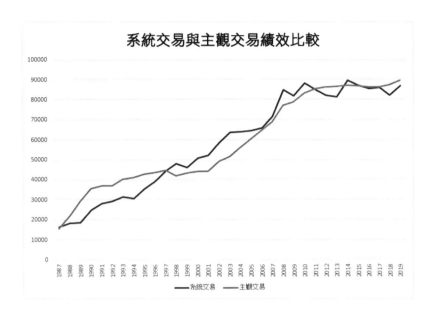

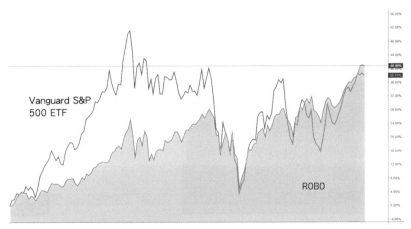

資料來源：https://portal.barclayhedge.com/

圖 75-1 程式交易並沒有你想的強大

Chapter 76 程式交易的誤區

　　這邊分享幾個接觸程式交易的時候需要注意的細節，特別是網路上來路不明的交易策略。有些對於交易有熱忱的朋友，在長期人工交易無法得到績效改善的情形下，就會想去走捷徑，複製他人成功的模式，這時候，也很容易誤入陷阱。

　　1.黑盒子，有些策略提供者，並沒有提供任何資訊，只有一個回測報表，或者是交易紀錄，就自誇是台指期ATM，只要裝上它，就可以天天印鈔票，這樣的好事你相信嗎？

　　2.比黑盒子進步一些，有些會有策略說明，但是請務必思考一下，是否是最佳化底下的產物。最佳化不是不能做，可是做完後，我的習慣會去思考一下這個參數是否合理，是否違背我們策略邏輯。圖76-1可以看到，這是一組雙均線策略，多空的兩組均線是獨立的，短均線穿越長均線（黃金交叉）多單進場，相反則是賣出。特別標示了幾個地方，長短顛倒，這就是和策略設計不同，要使用前，就需要再做其他檢測。

　　3.過多的參數，這部分就像是做考古題還帶了小抄一般。例如，圖76-2我用了四個參數去找多單的兩組均線、空單的兩組均線，這樣你覺得誇張了嗎？我看過有人拿出來租售的策略中，有十多個參數，每個參數下去跑出來的最佳化數據，就像是螢光毛毛蟲一樣，你滿懷喜悅的掏了錢買單，然後又入金開始交易，結果往往是出乎意料之外。

　　4.交易不是只有策略，還有周邊軟硬體的配置，人工交易的時候，我們很清楚自己的部位，但是有些朋友程式上線之後，就真的全部交給機器人去代勞，電子交易的風險，是全部屬於交易人本身的，這部分也是一個大門檻，沒有親身操作，不能理解。2018年8月21日，就因為某一位交易者的程式執行出了狀況，造成當天下午3點鐘夜盤交易一開始，就出現超過250點的閃跌事件，造成千萬的虧損，這些都是意料之外的情況。

Net Profit	% Profitable	Winning Trades	Return on Account	FastLength (MovAvg2Line Cross LE)	SlowLength (MovAvg2Line Cross LE)	FastLength (MovAvg2Line Cross SE)	SlowLength (MovAvg2Line Cross SE)
2185450	41.29	555	784.44	8	11	5	13
2163450	41.60	594	646.00	8	11	5	12
2048450	42.61	582	764.35	8	10	5	13
2025450	41.60	550	661.05	8	11	6	13
1997450	41.40	563	931.65	7	11	5	13
1911850	39.95	529	674.85	7	12	5	13
1905350	48.46	455	336.52	20	12	12	15
1881350	51.32	485	522.02	20	13	5	15
1829850	40.97	590	531.32	7	11	5	12
1828650	42.19	562	581.26	7	13	8	13
1828250	41.17	527	652.71	8	14	8	13
1817250	36.46	361	431.55	16	7	6	17
1813450	40.74	493	355.93	8	11	5	15
1800650	42.89	850	348.09	7	10	9	10
1799250	41.81	521	467.82	8	11	6	14
1796250	47.50	816	715.35	14	12	11	12
1795650	42.86	660	605.00	9	12	8	12
1788850	42.03	664	412.27	9	11	8	12
1783350	51.63	492	465.51	20	13	6	14
1782350	51.40	497	583.61	14	20	15	11
1781250	41.78	569	792.02	7	10	5	13
1780850	39.93	583	468.15	8	11	6	12
1777850	43.26	751	345.55	7	11	9	10
1769450	40.39	559	459.36	9	12	5	12
1762350	50.54	512	398.81	19	13	12	15
1761250	39.61	526	765.43	7	12	6	13

圖 76-1 參數最佳化回測結果，違反策略規則

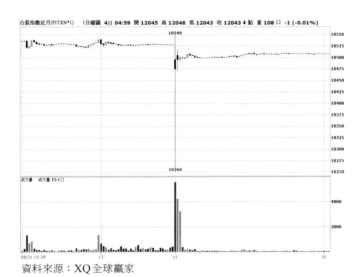

資料來源：XQ 全球贏家

圖 76-2 程式交易自動下單的失誤，造成 2018 年 8 月 21 日下午開盤閃崩

Chapter 77 100 Pictures 實際案例檢討

就在本書初稿完成的隔日，2020年1月3日，市場出現一次最近幾個月內的最大行情，當天台指期貨高點12198點，低點11996點，振幅202點。由於2020年開始，我每天早上8點錄製5分鐘的直播盤前規畫說明。當日早上影片的幾個重點如下，相關影片歡迎讀者自行前往查詢。https://youtu.be/JNUULL5qY4U

前一天的籌碼資訊：

外資現貨賣超34億元，台積電是賣超金額最多的標的，賣超16.04億元。

外資期貨多單減少1,173口，空單減少635口，淨多單減少538口。

自營商期貨多單增加1,022口，空單減少1,125口，淨多單增加2,147口。

結論：籌碼檢討，中性偏弱。

國際盤行情：

前日台股上漲，歐美股市上漲漲幅超過1%，美國費城半導體指數漲幅2.07%。

結論：台股有跳空開高機會。

前晚台股相關商品夜盤表現：

台指期上漲70點（0.58%），摩台期貨上漲4.8點（1.12%），台積電ADR創高。

結論：台股上漲後當天看盤重點台積電。

當日規畫：

1. 台積電ADR領先台積電在台股的位階創高，注意345的對應價格滿足區。

2. 摩台期夜盤漲幅比台指期大。

3. 早上跳空開高超過壓力一（12176）注意跳空SOP1的操作。

4. 週五的節前賣股壓力。

結果當天期貨開盤價12180符合越過壓力一的跳空SOP1進場準備，然後現貨開盤後第一盤就出現170.49億元（現貨爆量開盤），台積電開盤後高點345.0元。接下來的發展就是如圖77-1，現貨開盤的低點跌破後，當天的雲霄飛車就開動了。

交易是否可以預先規劃，然後按表操課，我想，老天爺給了一個最棒的答案，作為本書的結束。感謝天！

資料來源：XQ全球贏家

圖 77-1 縝密的盤前規劃，落實進出場的執行，就是一天完美的交易

台灣廣廈 國際出版集團
Taiwan Mansion International Group

國家圖書館出版品預行編目（CIP）資料

100張圖學會期貨交易：
交易醫生聰明打敗投資風險，從零開始期貨初學入門指南
／徐國華
-- 初版 . -- 新北市：財經傳訊, 2020.03
面； 公分 . -- (through；20)
ISBN 9789869876810(平裝)
1.投資理財 2.期貨 3.交易方法

563.534   109000909

財經傳訊
TIME & MONEY

100張圖學會期貨交易：
交易醫生聰明打敗投資風險，從零開始期貨初學入門指南

作　　　者／徐國華	編輯中心／第五編輯室
	編 輯 長／方宗廉
	封面設計／何偉凱・內頁排版／菩薩蠻
	製版・印刷・裝訂／東豪・弼聖・秉成

行企研發中心總監／陳冠蒨	線上學習中心總監／陳冠蒨
媒體公關組／陳柔彣	數位營運組／顏佑婷
綜合業務組／何欣穎	企製開發組／江季珊、張哲剛

發 行 人／江媛珍
法 律 顧 問／第一國際法律事務所 余淑杏律師・北辰著作權事務所 蕭雄淋律師
出　　　版／財經傳訊
發　　　行／台灣廣廈
　　　　　　地址：新北市235中和區中山路二段359巷7號2樓
　　　　　　電話：（886）2-2225-5777・傳真：（886）2-2225-8052

全球總經銷／知遠文化事業有限公司
　　　　　　地址：新北市222深坑區北深路三段155巷25號5樓
　　　　　　電話：（886）2-2664-8800・傳真：（886）2-2664-8801
郵 政 劃 撥／劃撥帳號：18836722
　　　　　　劃撥戶名：知遠文化事業有限公司（※單次購書金額未達1000元，請另付70元郵資。）

■ 出版日期：2020年3月　　　■ 初版14刷：2024年4月
ISBN：9789869876810　　　　版權所有，未經同意不得重製、轉載、翻印。